Pascale Clerc-Foechterlin

L'essentiel du Droit immobilier

2012-2013
2e édition

Gualino
lextenso éditions

Ouvrage sélectionné par Béatrice et Francis Grandguillot
Facebook : « Les auteurs Grandguillot B & F »

33 rue du Mail 75081 Paris cedex 02
ISBN 978 - 2 - 297 - 02497 - 6
ISSN 1288-8206

Présentation

Le droit immobilier couvre un domaine extrêmement vaste et la réglementation est particulièrement dense et variée.

C'est pourquoi cet ouvrage a été abordé sous un angle synthétique et d'où émergent cinq thèmes principaux :

- ***les professionnels de l'immobilier*** : cette partie aborde les différentes professions immobilières et notamment les modalités d'accès à ces professions de plus en plus réglementées ;
- ***le droit et la propriété immobilière*** : sont traités essentiellement le droit de propriété, ses composants et les différents modes d'acquisition de la propriété avec une place particulière accordée à la vente immobilière ;
- ***les locations*** : elles sont nombreuses et ce grand thème développe la réglementation des locations d'habitation nues ou mixtes, des locations meublées, des locations saisonnières, des locations HLM, des locations en vertu de la loi du 1er septembre 1948, des locations commerciales et des locations professionnelles ;
- ***la copropriété*** : face à la multiplicité des règles, cette partie aborde les organes et le mode de fonctionnement de la copropriété de manière concise et structurée afin de ne pas se perdre dans les dédales des réglementations ;
- ***les sûretés*** : il s'agit des moyens juridiques permettant à un créancier de garantir le paiement de sa créance et un rang prioritaire par rapport à d'autres créanciers comme le gage, le nantissement, l'hypothèque, le privilège de prêteur de deniers, le cautionnement, etc.

Ce livre intègre les lois et textes réglementaires les plus récents et significatifs de l'évolution d'un droit immobilier toujours très mouvant et en constante évolution.

Il intéressera les étudiants de l'enseignement supérieur orientés dans l'immobilier (BTS, licence professionnelle, etc.) ainsi que tous ceux qui souhaitent connaître leurs droits et obligations dans le domaine de l'habitat.

SOMMAIRE

Présentation 3

1
Les professionnels de l'immobilier

Chapitre 1 – Les métiers de l'immobilier 23

1 – Les principaux métiers l'immobilier ***23***
- *Le promoteur immobilier* 23
- *L'agent immobilier* 23
- *Le négociateur immobilier* 24
  - a) Le négociateur salarié 24
  - b) Le négociateur non salarié 24
- *Le marchand de listes* 24
- *Le syndic de copropriété* 25
- *Le marchand de biens* 25
- *L'administrateur de biens* 25

2 – Les métiers en lien avec l'immobilier ***26***

Chapitre 2 – La réglementation des activités de l'immobilier 27

1 – La loi Hoguet **27**

- *Le domaine d'application de la loi Hoguet* 27
- *Les conditions d'accès à la profession d'agent immobilier* 28
- *Le mandat* 30
  - a) Un mandat écrit 30
  - b) Les différents types de mandats 30
  - c) Le bon de visite 31
  - d) La rémunération de l'agent immobilier 32

2 – La responsabilité de l'agent immobilier **32**

- *La responsabilité civile* 32
  - a) La responsabilité contractuelle 32
  - b) La responsabilité délictuelle 33
- *La responsabilité pénale* 33

2

Le droit et la propriété immobilière

Chapitre 3 – Les éléments du droit de propriété 37

1 – Les meubles et les immeubles **37**

2 – Les caractères et les attributs du droit de propriété **38**

- *Les caractères du droit de propriété* 38
- *Les attributs du droit de propriété* 38

3 – Les différents modes d'acquisition de la propriété **38**

- *L'acquisition par contrat* 38
- *L'acquisition par la prescription acquisitive ou usucapion* 39
- *L'acquisition par occupation* 40

4 – Les démembrements du droit de propriété **40**

- *L'usufruit et la nue-propriété* 40
  - a) L'usufruit 40
  - b) La nue-propriété 41
- *La répartition des charges entre nu-propriétaire et usufruitier* 41

5 – La délimitation du droit de propriété : le bornage **42**

Chapitre 4 – Les principales atteintes au droit de propriété 43

1 – Les servitudes **43**

- *Définition* 43
- *Les différents types de servitudes* 43
- *Les modes d'établissement des servitudes du fait de l'homme* 44
  - a) La constitution par titre 44
  - b) La constitution par prescription 44
  - c) La constitution par destination du père de famille 44
  - d) La constitution par décision de justice 44
- *Exemples de servitudes* 45
  - a) La servitude de passage 45
  - b) La servitude de vue 45
  - c) Les distances de plantations 46

2 – L'indivision **46**

- *Définition* 46
- *L'indivision légale* 46
- *L'indivision conventionnelle* 47
- *Les règles de gestion de l'indivision* 47
  - a) Les actes de conservation 47
  - b) Les actes d'administration 47
  - c) Les actes de disposition 48

3 – La mitoyenneté **48**

- *Définition* 48

■ *Les preuves de la mitoyenneté* 49
■ *L'acquisition de la mitoyenneté* 49
■ *Les droits et obligations des voisins* 50
a) Des droits identiques 50
b) L'entretien du mur mitoyen 50

4 – L'abus de droit ***50***

5 – Les troubles de voisinage ***50***

Chapitre 5 – L'acquisition de la propriété **51**

1 – L'avant-contrat de vente ***51***

■ *Les différents types d'avant-contrats* 51
a) La promesse unilatérale de vente 51
b) La promesse unilatérale d'achat 52
c) Le compromis de vente 53
■ *Les règles de protection de l'acquéreur* 53
a) Le délai de rétractation 53
b) Le délai de réflexion 54
■ *Le contenu de l'avant-contrat* 54
a) Les conditions suspensives 54
b) Les clauses de l'avant-contrat 54
c) Le dossier de diagnostic technique 56

2 – Le contrat de vente ***57***

■ *Les conditions générales de la vente* 57
a) La capacité des parties 57
b) Le consentement des parties 58
c) L'objet du contrat 58
d) La cause 58
e) Le prix de la vente 58
■ *Les effets de la vente* 59
a) Les obligations du vendeur 59
b) La responsabilité du vendeur 60

■ *La vente en l'état futur d'achèvement (VEFA)* 60
a) Définition 60
b) Le contrat de réservation 61
c) Le contrat de vente 62
d) La réception et la livraison du bien vendu 63
e) Les garanties et assurances 64

3
Les locations

Chapitre 6 – Les locations nues à usage d'habitation principale ou mixte **69**

1 – Principes généraux ***69***
■ *Le champ d'application de la loi Mermaz* 69
■ *Les locations exclues de la loi Mermaz* 70
■ *Le principe de la non-discrimination à la location* 70

2 – La forme du bail ***70***
■ *Un bail écrit* 70
■ *Les clauses du bail* 71

3 – Les documents joints au contrat de bail ***72***
■ *Les annexes* 72
a) L'état des lieux 72
b) Les extraits du règlement de copropriété 73
c) L'attestation d'assurance contre les risques locatifs 73
d) Le contrat de cautionnement 73
■ *Les diagnostics* 74

4 – La durée du bail ***75***
■ *Un bail de trois ou six ans* 75

■ *Un bail de courte durée* 75

5 – Les obligations du bailleur et du locataire **75**

■ *Les obligations du bailleur* 75

a) Un logement décent 75

b) Un logement en bon état d'usage et de réparation 76

c) Un usage paisible des lieux 76

d) Un logement entretenu 77

e) L'acceptation des aménagements du locataire 77

f) La quittance gratuite 77

■ *Les obligations du locataire* 77

a) Le paiement du loyer et des charges 77

b) L'utilisation paisible des lieux loués 78

c) La réparation des dégradations 78

d) L'entretien courant du logement 78

e) L'acceptation des travaux d'amélioration et d'entretien du bailleur 79

f) La non-transformation des locaux et des équipements loués 79

g) L'assurance contre les risques locatifs 79

h) L'interdiction de sous-louer les lieux 79

6 – Le dépôt de garantie **80**

■ *Définition* 80

■ *La restitution du dépôt de garantie* 80

7 – Le loyer **81**

■ *Le loyer initial et sa révision annuelle* 81

a) Le loyer initial 81

b) Le loyer révisé 81

■ *La majoration du loyer pour travaux d'amélioration* 82

■ *Le renouvellement du bail avec augmentation du loyer* 82

a) Les conditions 82

b) L'étalement de l'augmentation 83

8 – Les charges récupérables ou charges locatives ***83***
- *Définition* 83
- *Les charges récupérables sur le locataire* 83
- *Les charges incombant au bailleur* 84
- *Le paiement des charges par le locataire* 84
  - a) Le paiement de provisions sur charges 84
  - b) Le paiement des charges réelles et effectives 85
- *La contribution du locataire aux travaux d'économie d'énergie* 85

9 – L'entretien du logement et les réparations ***86***
- *À la charge du locataire* 86
- *À la charge du bailleur* 86

10 – La fin du bail ***87***
- *Le congé du locataire* 87
- *Le congé du bailleur* 87
  - a) Le congé pour reprise 87
  - b) Le congé pour vente 88
  - c) Le congé pour motifs légitimes et sérieux 88
- *La procédure de congé* 89

11 – La résiliation du bail ***90***
- *En vertu d'une clause résolutoire* 90
- *Sans clause résolutoire* 90

12 – L'expulsion ***91***

13 – Le transfert du bail ***92***

Chapitre 7 – Les locations meublées **93**

1 – Les meubles indispensables ***93***

2 – La réglementation du bail ***94***
- *La résidence principale du locataire* 94

■ *Le contrat de location* 94
a) La forme du bail 94
b) La durée du bail 94
c) Les congés 95
■ *Le loyer, les charges et le dépôt de garantie* 95
a) Le loyer 95
b) Les charges 96
c) Le dépôt de garantie 96
3 – Les documents annexes ***96***
■ *L'état des lieux* 96
■ *L'inventaire des meubles* 97
■ *Les diagnostics* 97
4 – Le cas particulier du bail meublé étudiant ***97***
Chapitre 8 – Les locations saisonnières **99**
1 – Le régime juridique ***99***
■ *L'information préalable du locataire* 99
■ *Le contrat de location* 100
■ *Les versements à titre de réservation* 100
2 – L'état des lieux ***101***
3 – Les diagnostics ***101***
4 – Les litiges ***102***
Chapitre 9 – Les locations HLM **103**
1 – Les conditions d'accès à un logement HLM ***103***
■ *Les conditions d'attribution* 103
a) Les personnes prioritaires 103
b) Les plafonds de ressources 103
■ *La procédure d'attribution* 104
2 – La loi DALO ***104***

3 – Le contrat de location **105**
- *Les conditions de la location* 105
  - a) La forme et la durée du bail 105
  - b) Le dépôt de garantie 105
  - c) L'état des lieux 105
  - d) Le loyer 106
  - e) Les charges locatives 106
- *Les obligations des parties* 106
  - a) Les obligations du locataire 106
  - b) Les obligations du bailleur 107

4 – La fin du bail HLM **107**
- *Le congé du locataire* 107
- *Le congé du bailleur* 107

Chapitre 10 – Les locations en vertu de la loi du 1er septembre 1948 **109**

1 – Champ d'application de la loi **109**

2 – La réglementation des baux soumis à la loi de 1948 **109**
- *Le droit au maintien dans les lieux* 109
- *La perte du droit au maintien dans les lieux* 110
  - a) Les différents cas de perte du droit au maintien dans les lieux 110
  - b) Le droit de reprise du bailleur 110
- *Le loyer* 111

3 – Les conditions de sortie de la loi de 1948 **111**

Chapitre 11 – Les locations commerciales **113**

1 – Définition et champ d'application **113**

2 – Le régime des baux commerciaux ***114***

- *La forme du bail* 114
  - a) Un bail écrit ou verbal 114
  - b) Les diagnostics 114
- *La durée du bail* 115
  - a) Un bail de neuf ans 115
  - b) Le bail de courte durée ou bail dérogatoire 115
- *Le droit au renouvellement du bail* 116
- *Le refus de renouvellement du bail* 117
  - a) Avec indemnité d'éviction 117
  - b) Sans indemnité d'éviction 118
- *Le loyer* 118
  - a) Le loyer initial 118
  - b) Le loyer révisé 119
  - c) L'augmentation du loyer à l'issue du bail de neuf ans 119
- *La déspécialisation* 120
  - a) La déspécialisation partielle 120
  - b) La déspécialisation plénière 120

3 – La charge des réparations ***121***

Chapitre 12 – Les locations professionnelles **123**

1 – Définition et champ d'application ***123***

2 – Les diagnostics ***124***

3 – La réglementation du bail ***125***

- *La durée du bail* 125
- *La fin du bail* 125

4 – Les clauses librement négociées par les parties ***125***

4
La copropriété

Chapitre 13 – L'organisation de la copropriété 129

1 – Les parties privatives et les parties communes ***129***

- *Les parties privatives* 129
- *Les parties communes* 130

2 – Les organes de fonctionnement de la copropriété ***131***

- *Le syndicat des copropriétaires* 131
  - a) Définition 131
  - b) Le rôle du syndicat 131
- *Le conseil syndical* 132
  - a) La composition du conseil syndical 133
  - b) La durée du mandat 133
  - c) Le fonctionnement du conseil syndical 133
  - d) Le rôle du conseil syndical 134
- *Le syndic* 135
  - a) Le choix du syndic 135
  - b) La nomination du syndic 136
  - c) Le contrat de syndic 136
  - d) Le rôle du syndic 137
  - e) La responsabilité du syndic 138
  - f) La fin des fonctions du syndic 139

3 – Le règlement de copropriété ***139***

- *Définition* 139
- *L'élaboration du règlement de copropriété* 140
- *Le contenu du règlement de copropriété* 140
- *La modification du règlement de copropriété* 141

Chapitre 14 – L'assemblée générale 143

1 – La convocation de l'assemblée générale des copropriétaires ***143***

- *Les personnes habilitées à convoquer* 143
- *Les personnes à convoquer* 144
- *Les délais à respecter* 144
- *Le contenu de la convocation* 144
- *La représentation des copropriétaires absents* 145

2 – Les majorités de vote en assemblée générale ***145***

- *Majorité simple* 145
- *Majorité absolue* 146
- *Double majorité* 146
- *L'unanimité des copropriétaires* 147

3 – Le procès-verbal d'assemblée générale ***147***

- *La forme du procès-verbal* 147
- *La notification du procès-verbal* 148
- *La contestation des décisions prises en assemblée générale* 148

Chapitre 15 – Les travaux et charges de copropriété 149

1 – Les travaux ***149***

- *Les travaux dans les parties communes* 149
  - a) Majorité simple 149
  - b) Majorité absolue 149
  - c) La double majorité 150
  - d) L'unanimité de tous les copropriétaires 150
- *Les travaux dans les parties privatives* 150
- *Le paiement des travaux* 150
- *Les travaux et les honoraires du syndic* 151

2 – Les charges de copropriété ***151***

- *Les charges communes* 151

- *Les charges spéciales* 152
- *La modification de la répartition des charges* 152
- *Les actions en recouvrement des charges impayées* 153
  a) La procédure 153
  b) Les actions judiciaires 153
  c) Les voies d'exécution 154
  d) L'opposition entre les mains du notaire 154
- *Les privilèges du syndicat des copropriétaires* 155

3 – Les copropriétés en difficultés ***155***

- *La nomination d'un administrateur ad hoc* 155
- *La nomination d'un administrateur provisoire* 156
- *L'état de carence* 156

Chapitre 16 – La vente d'un lot en copropriété **157**

1 – La particularité de la vente d'une aire de stationnement ***157***

2 – Les documents à notifier ***157***

- *La notification de l'état daté par le syndic* 158
- *La notification de l'avis de mutation par le notaire* 158
- *La notification du transfert de propriété par le notaire* 158

3 – Le paiement des charges en cours ***159***

4 – La loi Carrez ***159***

5 – Le dossier de diagnostic technique ***160***

6 – Le diagnostic technique préalable à la mise en copropriété ***160***

Chapitre 17 – L'association syndicale libre (ASL) **161**

1 – L'objet de l'ASL ***161***

2 – Constitution de l'ASL ***162***

3 – Fonctionnement de l'ASL ***162***

4 – L'ASL et la vente d'un lot ***162***

5
Les sûretés

Chapitre 18 – Les sûretés réelles 165

1 – Les sûretés réelles mobilières ***165***

- *Le gage avec dépossession* 165
- *Le gage sans dépossession* 166

2 – Les sûretés réelles immobilières ***166***

- *L'hypothèque* 167
- *Le privilège de prêteur de deniers* 168
- *Le gage immobilier avec dépossession (antichrèse)* 168

Chapitre 19 – Les sûretés personnelles 169

1 – La caution d'une personne physique ***169***

- *Les clauses du contrat* 169
- *La nature de la caution* 170
- *La durée de l'engagement de caution* 171

2 – La caution d'une personne morale ***171***

3 – La caution hypothécaire ***171***

Bibliographie **173**

Liste des abréviations

AG	Assemblée Générale
Art.	Article
ASL	Association Syndicale Libre
CCH	Code de la Construction et de l'Habitation
CREP	Constat de Risque d'Exposition au Plomb
C. santé publ.	Code de la santé publique
DAAF	Détecteur Autonome Avertisseur de Fumée
DDT	Dossier de Diagnostic Technique
DGCCRF	Direction Générale de la Concurrence de la Consommation et de la Répression des Fraudes
DPE	Diagnostic de Performance Énergétique
ERNT	État des Risques Naturels et Technologiques
ICC	Indice du Coût de la Construction
IRL	Indice de Référence des Loyers
ILAT	Indice des Loyers d'Activités Tertiaires
ILC	Indice des Loyers Commerciaux
INSEE	Institut National de la Statistique et des Études Économiques
IRL	Indice de référence des loyers
Loi DALO	Loi Droit Au Logement Opposable
Loi ENL	Loi Engagement National pour le Logement
Loi MOLLE	Loi Mobilisation pour le Logement et la Lutte contre l'Exclusion
LRAR	Lettre Recommandée avec Accusé de Réception
Loi SRU	Loi Solidarité et Renouvellement Urbains
PLU	Plan Local d'Urbanisme
PV	Procès-Verbal
RCS	Registre du Commerce et des Sociétés
SMIC	Salaire Minimum Interprofessionnel de Croissance
TGI	Tribunal de Grande Instance
TI	Tribunal d'Instance
VEFA	Vente en l'Etat Futur d'Achèvement

PARTIE 1

Les professionnels de l'immobilier

Chapitre 1	Les métiers de l'immobilier	23
Chapitre 2	La réglementation des activités de l'immobilier	27

Les métiers de l'immobilier

Chapitre 1

Le secteur de l'immobilier est particulièrement vaste puisqu'il concerne des domaines aussi variés que la construction, la gestion, la promotion, l'expertise, la transaction, etc. Les métiers de l'immobilier sont par conséquent fort nombreux et face à la multitude des textes et réglementations, les professionnels doivent avoir des compétences de plus en plus élargies tant dans le domaine technique, juridique, fiscal que commercial.

1 Les principaux métiers l'immobilier

■ *Le promoteur immobilier*

Le promoteur immobilier joue un rôle important puisqu'il est chargé d'un programme de construction de plusieurs logements. Pour cela, avec les fonds dont il dispose, il recherche et achète des terrains, assure le financement des opérations de construction et, en accord avec les entreprises, fait réaliser les travaux et ***commercialise les biens***.

Le promoteur peut vendre des logements alors que les travaux n'ont pas encore commencé ou sont en cours de réalisation : c'est ***la vente en l'état futur d'achèvement ou VEFA***. Dans ce type de vente, ***l'acquéreur acquiert des droits sur le sol et ne devient propriétaire du bien qu'au fur et à mesure de l'avancement des travaux***.

■ *L'agent immobilier*

L'agent immobilier est un ***mandataire c'est-à-dire un intermédiaire*** chargé, de manière habituelle, de mettre en relation des personnes pour des opérations portant sur des biens immobiliers. Il intervient dans le cadre d'un mandat écrit et exerce des activités d'entremise pour des opérations d'achat, de vente ou de location de biens immobiliers.

Inscrit au Registre du commerce et des sociétés (RCS), l'agent immobilier est soumis aux règles de la loi Hoguet du 2 janvier 1970 et doit posséder une carte professionnelle (remise par la Préfecture) sans laquelle il ne peut exercer sous peine de sanctions pénales.

■ Le négociateur immobilier

a) Le négociateur salarié

Il est titulaire d'un ***contrat de travail***, sous l'autorité et les instructions de l'agent immobilier qui l'emploie et auquel il est subordonné. Le négociateur salarié rend des comptes dans le cadre de son secteur de prospection et perçoit un salaire sous forme d'un fixe (et/ou des commissions) ou d'une avance sur commissions.

b) Le négociateur non salarié

L'article 97 de la loi ENL du 13 juillet 2006 (Engagement National pour le Logement) a pour objet de définir la situation des négociateurs non salariés en immobilier. Ils ont, depuis cette loi, le ***statut d'agent commercial*** soumis aux règles statutaires du Code de commerce (art. L. 134-1 et s.). Ils doivent posséder une ***attestation d'habilitation*** de l'agent immobilier, validée par la Préfecture.

Toutefois, ces négociateurs ont, en vertu des dispositions de l'article 4 de la loi Hoguet, l'interdiction formelle :

- de recevoir ou détenir des sommes d'argent, des biens, des effets ou des valeurs ou d'en disposer à l'occasion de leur activité ;
- de donner des consultations juridiques ou rédiger des actes sous seing privé mais ils peuvent conclure des mandats au profit du titulaire de la carte professionnelle.

■ Le marchand de listes

Son activité, réglementée également par la loi Hoguet, consiste ***à vendre des listes ou des fichiers*** de logements disponibles à la vente ou à la location avec les coordonnées des biens et de leurs propriétaires.

Avant d'inscrire un bien sur une liste, il doit signer une convention avec le client qui propose le bien à paraître dans le fichier.

La prestation du marchand de listes s'arrête à la vente de ces listes et ***il n'intervient en aucun cas dans une transaction immobilière quelconque***.

L'acheteur de la liste doit ensuite contacter seul les acquéreurs ou les propriétaires bailleurs et le marchand de listes ne garantit nullement ce dernier de trouver le logement souhaité.

Un contrat est obligatoirement signé avec la personne qui recherche un bien stipulant les obligations du marchand de listes et celui-ci ne peut exiger sa rémunération tant que la liste n'a pas été fournie conformément aux conditions du contrat. Comme l'agent immobilier, le marchand de listes doit posséder une carte professionnelle.

■ *Le syndic de copropriété*

Le syndic de copropriété est chargé de ***gérer un immeuble en copropriété*** c'est-à-dire un immeuble composé de plusieurs logements appartenant à des propriétaires différents (avec des parties privatives et des parties communes).

C'est une personne physique ou morale (société), bénévole ou professionnelle, mandatée suite à un vote des copropriétaires qu'elle va représenter. Sa fonction principale est d'exécuter les décisions prises par l'assemblée générale des copropriétaires et de faire respecter le règlement de copropriété (document définissant et régissant l'immeuble en copropriété). Dans le cadre de l'administration de l'immeuble dont il a la gestion, le syndic de copropriété pourvoit à sa conservation et entretient les parties communes.

Le syndic professionnel est soumis aux dispositions de la loi Hoguet et possède une carte professionnelle de « gestion immobilière » délivrée par la préfecture.

■ *Le marchand de biens*

Le marchand de biens est une personne qui achète pour son propre compte des biens immobiliers, fonds de commerce, actions ou parts de sociétés immobilières dans le but de les revendre.

Dès l'acquisition du bien, son but est de faire un bénéfice (caractéristique d'une opération commerciale) et non un placement. ***Souvent il achète, rénove et revend***.

À titre professionnel, le marchand de biens est inscrit au Registre du commerce et des sociétés et n'a pas à posséder de carte professionnelle. Son activité doit présenter un caractère habituel qui est apprécié souvent en fonction du nombre de ventes effectuées ou de la nature des ventes selon leur importance.

■ *L'administrateur de biens*

L'administrateur de biens est un gestionnaire immobilier, comme le sont beaucoup d'agents immobiliers, ***intervenant pour le compte de propriétaires bailleurs aux fins de gérer leurs biens***.

Sa mission consiste à s'occuper de l'entretien, de la conservation et de la réparation des biens immobiliers dont il a la charge sans compter les actes administratifs comme conclure un bail ou tout autre acte nécessaire à une location. Ses obligations sont définies dans le mandat de gestion qu'il signe avec son mandant.

Le syndic de copropriété est aussi un administrateur de biens. En effet, il est chargé de gérer un immeuble et ses parties communes pour le compte du syndicat des copropriétaires (l'ensemble de tous les copropriétaires) en vertu d'un mandat approuvé par un vote en assemblée générale tout comme sa nomination.

2 Les métiers en lien avec l'immobilier

Certaines professions ont un lien direct avec l'immobilier :

– ***le notaire*** : son intervention est obligatoire notamment pour les ventes d'immeubles, les contrats de mariage, les donations, les hypothèques et ventes d'immeubles à construire. Ces actes sont rédigés sous la forme authentique. Il peut exercer des activités de négociation immobilière mais il n'a pas le droit de disposer d'une vitrine sur la voie publique ;

– ***l'huissier de justice*** : il est chargé de signifier les décisions de justice, de recouvrer des créances impayées comme les loyers, peut procéder à des saisies mobilières et intervenir dans le cadre d'une procédure de ventes aux enchères de biens meubles ou immeubles, etc. Il joue un rôle important dans le cadre des constats qu'il peut réaliser pour des états des lieux ou troubles de voisinage ;

– ***l'avocat*** : il peut exercer, à titre accessoire, l'activité de mandataire en transactions immobilières, autorisée désormais par le Conseil National des Barreaux (CNB). Il n'a pas à remplir les conditions exigées pour l'agent immobilier car son activité professionnelle est contrôlée et il peut justifier de garanties financières pour l'exercice de cette activité ;

– ***l'architecte*** : chargé de concevoir un ouvrage immobilier, il a la responsabilité du projet de la conception à la réalisation en lien avec les entreprises ;

– ***le géomètre*** : il réalise des études topographiques ayant trait au sol. Il peut fixer les limites d'un terrain par la pose de bornes, effectuer un partage dudit terrain ou dresser divers plans ;

– ***le maire*** : il dispose de pouvoirs importants en matière d'urbanisme, construction et urbanisation. Dans sa commune, son intervention est déterminante en matière de logement : permis de construire, expropriation, droit de préemption, élaboration de documents d'urbanisme... ;

– ***l'État*** : sa compétence concerne le financement, la construction et la gestion de son patrimoine immobilier : bâtiments des ministères, prisons, services administratifs, palais de justice ;

– ***les collectivités territoriales*** : elles assurent la gestion et le développement du patrimoine dont elles ont la charge : établissements scolaires, administratifs, sociaux, culturels et sportifs.

La réglementation des activités de l'immobilier

Chapitre
2

Dans un souci de transparence et de moralisation, le législateur a souhaité réglementer l'accès à certaines professions immobilières ainsi que leurs activités portant sur les immeubles et fonds de commerce. Cette volonté s'est traduite par l'obligation pour ces professionnels de présenter toutes les garanties tant au niveau de la compétence que sur un plan financier. De surcroît, des sanctions notamment pénales ont été instaurées pour ceux qui ne respecteraient pas les règles imposées.

1 La loi Hoguet

■ *Le domaine d'application de la loi Hoguet*

La loi Hoguet du 2 janvier 1970 et les décrets du 20 juillet 1972 et 21 octobre 2005 réglementent les activités relatives à certaines opérations portant sur des immeubles et fonds de commerce.

Il s'agit d'opérations exercées à titre habituel par des personnes physiques ou morales sur des biens qui ne leur appartiennent pas mais sont la propriété de leurs mandants et définies dans l'article 1er de la loi Hoguet :

Activités soumises à la loi Hoguet	– Achat, vente, échange, location, sous-location d'immeuble – Achat, vente ou location-gérance de fonds de commerce – Cession d'un cheptel mort ou vif – Achat ou vente d'actions de sociétés immobilières
Les professionnels soumis à la loi Hoguet	– Les agents immobiliers – Les marchands de listes – Les syndics de copropriété – Les administrateurs de biens – Les mandataires en vente de fonds de commerce

Nous nous attacherons ci-après à l'agent immobilier qui, comme les autres professions indiquées ci-dessus, doit respecter des conditions précises imposées par la loi Hoguet.

■ *Les conditions d'accès à la profession d'agent immobilier*

L'agent immobilier (tout comme les autres professions soumises à la loi Hoguet) doit détenir ***une carte professionnelle*** délivrée par la préfecture pour une ***durée de 10 ans***.

Il existe trois catégories de cartes professionnelles :

– la carte « transactions sur immeubles et fonds de commerce » pour la vente d'immeuble ;

– la carte « gestion immobilière » pour la gestion (location, copropriété) ;

– et la carte « marchand de listes ».

L'agent immobilier qui exercerait sans posséder cette carte professionnelle, s'exposerait à des sanctions pénales (amendes et emprisonnement).

Pour l'obtenir, il doit remplir certaines obligations conformément à l'article 3 de la loi Hoguet et notamment :

Justifier son aptitude professionnelle	– Diplôme sanctionnant trois années d'études supérieures dans des matières juridiques, économiques ou commerciales ou un diplôme équivalent. Ou le brevet de technicien supérieur professions immobilières. Ou un diplôme de l'institut d'études économiques et juridiques appliquées à la construction et à l'habitation – Le baccalauréat et trois années d'expérience professionnelle dans l'immobilier (emploi subordonné). – Sans diplôme, justifier d'une expérience professionnelle dans l'immobilier de 10 ans ou 4 ans en tant que cadre (emploi subordonné).
Justifier d'une garantie financière	– Auprès d'une banque, Cie d'assurance ou établissement autorisé. La garantie se chiffre au minimum à 110 000 €. – L'art. 38 de la loi du 23 juillet 2010 a supprimé l'obligation de disposer d'une garantie financière pour les agents immobiliers qui déclarent sur l'honneur qu'ils ne recevront aucun fonds, effet ou valeur de la part de leurs clients à l'exception de leurs commissions. Une nouvelle carte professionnelle leur est octroyée comportant, outre la mention de non-détention de fonds, la mention « absence de garantie financière ».
Justifier d'une assurance en responsabilité civile professionnelle	Afin de garantir ses fautes ou erreurs professionnelles.
Justifier l'absence de condamnation pénale	Par une juridiction française ou étrangère pour l'une des infractions suivantes : crime, peine d'au moins trois mois d'emprisonnement sans sursis pour escroquerie, abus de confiance, recel etc. (casier judiciaire n° 2) ou ne pas être frappé d'une incapacité (faillite personnelle etc.).
Justifier son inscription au registre du commerce et des sociétés	Car l'agent immobilier effectue des actes de commerce : art. L 110-1-3 du Code de commerce.

Sur les contrats, correspondances et documents divers de l'agent immobilier, doivent être mentionnés :

- le numéro et le lieu de délivrance de la carte professionnelle ;
- le nom et l'adresse de l'entreprise et l'activité exercée ;
- le nom et l'adresse de l'organisme garant ou éventuellement l'absence de garantie si l'agent s'est engagé à ne percevoir aucun fonds de ses clients.

Il en est de même dans les locaux accueillant la clientèle où doivent être affichés tous ces éléments.

Le mandat

a) Un mandat écrit

Selon l'article 4 du Code civil, le mandat est un acte par lequel une personne donne à une autre le pouvoir de faire quelque chose pour le mandant et en son nom.

L'agent immobilier est ***un mandataire et par conséquent un intermédiaire***. Qu'il s'agisse de gérer un bien (mandat de gestion) ou de le vendre (mandat de vente), l'agent immobilier ne peut intervenir que s'il a signé avec son client un mandat écrit.

Ce mandat, obligatoire, contient certaines clauses :

- le n° de la carte professionnelle ainsi que le nom et l'adresse de la caisse de garantie financière qui indemnisera les clients éventuellement lésés ;
- le n° d'enregistrement du mandat ;
- les conditions dans lesquelles l'agent immobilier peut recevoir, détenir ou remettre des fonds ;
- le bien à vendre et son prix ;
- la durée du mandat (obligatoirement limité dans le temps) et les conditions de résiliation ;
- le montant de la commission fixée librement et qui en a la charge.

Si l'agent immobilier signe un mandat de vente dans un lieu extérieur à l'agence (foire-exposition ou domicile du mandant, etc.), la loi du 23 décembre 1972 sur le démarchage à domicile s'applique : le mandat doit contenir un coupon de rétractation détachable permettant au client mandant de renoncer au mandat dans le délai de 7 jours à compter de la signature du mandat, par lettre recommandée avec accusé de réception (art. L. 121-25, C. consom.).

La durée du mandat de vente doit obligatoirement être *limitée dans le temps* et un mandat reconductible par tacite reconduction est frappé de nullité. Ainsi un agent immobilier lié par un mandat à durée indéterminée, n'aurait pas le droit de percevoir sa commission malgré le rôle déterminant qu'il aurait pu jouer.

La jurisprudence reconnaît toutefois la possibilité d'une reconduction tacite d'un mandat mais pour une durée qui doit toujours être limitée.

b) Les différents types de mandats

L'agent immobilier peut détenir un ***mandat de recherche d'un bien*** (de la part d'un futur acquéreur), de vente ou ***un mandat de location sans gestion*** ou encore ***un mandat de gestion***.

S'agissant de la vente d'un bien, il existe différents types de ***mandats de vente*** que l'agent immobilier peut proposer à son client :

Le mandat simple	Le vendeur du bien peut confier la négociation de son bien à plusieurs agences immobilières tout en conservant la possibilité de traiter lui-même avec des personnes non présentées par les agents immobiliers.
Le mandat exclusif	Le propriétaire vendeur confie la négociation de son bien à un seul agent immobilier qui a l'exclusivité du bien à vendre. Aucun autre professionnel, ni même le vendeur, ne peuvent négocier pour vendre le bien objet du mandat.
Le mandat semi-exclusif	Il s'agit d'un mandat de vente dont l'exclusivité est confiée à un seul agent immobilier mais le propriétaire vendeur conserve la faculté de rechercher lui aussi un acquéreur. La rémunération de l'agent immobilier est en principe réduite si le vendeur trouve l'acquéreur.

L'agent immobilier inscrit sur un registre tous les mandats qu'il reçoit par ordre chronologique. Ils sont numérotés et le numéro du mandat doit figurer sur l'exemplaire remis au mandant.

Si le mandant l'autorise, la ***délégation de mandat*** permet à un agent immobilier de déléguer l'objet du mandat à un autre professionnel qui sera chargé par exemple de trouver un acquéreur s'il s'agit d'un mandat de vente. La délégation peut reprendre tout ou partie de la mission du mandataire principal.

c) Le bon de visite

Le ***bon de visite*** est un document daté et signé par une personne qui ***reconnaît avoir visité un bien à vendre*** par l'intermédiaire de l'agence immobilière.

Ce bon de visite ne permet en aucun cas au professionnel de percevoir sa commission qui nécessite que la vente ait été conclue définitivement par son intermédiaire. Mais ce document peut jouer un rôle de preuve. Si vendeur et acquéreur traitent en direct (en évinçant l'agent immobilier), celui-ci est alors en mesure de prouver, grâce au bon de visite, qu'il a fait visiter le bien et que le vendeur en a été informé. Dans cette hypothèse, le vendeur a commis une faute en évinçant l'agent immobilier et ce dernier peut engager des poursuites aux fins d'obtenir des dommages-intérêts qui peuvent être l'équivalent de sa commission.

À noter que la clause pénale, susceptible de figurer dans un mandat, évoque cette hypothèse et le bon de visite permettra de prouver le rôle de l'agent immobilier.

d) La rémunération de l'agent immobilier

Dans le cadre d'un mandat de vente, pour percevoir sa commission, l'agent immobilier doit remplir certaines conditions (art. 6, loi Hoguet) :

- il doit détenir un mandat écrit l'autorisant à négocier pour le compte de son client ;
- il doit avoir mis en relation vendeur et acquéreur ;
- l'accord des parties (vendeur et acquéreur) doit apparaître dans un acte écrit (compromis, acte de vente) ;
- l'affaire doit être effectivement conclue par-devant notaire grâce à son intermédiaire.

La commission est versée après la signature de l'acte notarié de vente. Toutefois, une décision de la Cour de cassation (*1re civ., 9 déc. 2010*) a considéré que la signature de l'acte authentique n'était qu'une simple formalité et non pas une condition de la vente et que la commission de l'agent immobilier était due à la conclusion de l'opération constatée dans un acte écrit contenant l'engagement des parties (ex. compromis de vente).

En cas de mandats simples et si la négociation de la vente est confiée à plusieurs agents immobiliers, la jurisprudence a une position claire : ***seul celui par l'entremise duquel l'opération a été définitivement conclue, a droit à la commission*** même si l'acquéreur a été présenté auparavant par un autre agent immobilier, sauf à prouver la mauvaise foi du vendeur.

2 La responsabilité de l'agent immobilier

■ *La responsabilité civile*

a) La responsabilité contractuelle

L'agent immobilier est lié à son client par un mandat. S'agissant d'un contrat, sa responsabilité est engagée s'il commet des fautes dans l'exécution de ce contrat en vertu de l'article 1992 du Code civil : « *le mandataire répond non seulement du dol, mais encore des fautes qu'il commet dans sa gestion* ».

S'agissant de la rédaction des actes, les tribunaux considèrent que *l'agent immobilier*, en sa qualité de professionnel, *a une obligation de résultats*. Il se doit par exemple de vérifier la capacité des parties, indiquer la surface loi Carrez lors de la vente d'un bien en copropriété, vérifier que toutes les parties ont donné leur accord à la vente (indivision ou vente logement familial), etc.

Hormis la rédaction d'actes, ***l'agent immobilier a une obligation de moyens*** l'obligeant à mettre en œuvre toutes les diligences utiles et nécessaires en vue de satisfaire son engagement. Il est notamment tenu ***à une obligation de conseil et de renseignement*** à l'égard de son client, obligation dont le manquement est fortement sanctionné par les tribunaux.

À ce titre, l'agent immobilier doit par exemple :

- vérifier la desserte d'un terrain à vendre par les réseaux de viabilité ;
- vérifier le caractère constructible d'un terrain à vendre ;
- signaler les vices dont il a connaissance ;
- vérifier les projets urbains dans l'environnement du bien à vendre ;
- vérifier la solvabilité d'un candidat locataire ;
- informer de tous les diagnostics à fournir.

L'agent immobilier peut être condamné à verser des dommages-intérêts au client lésé mais encore faut-il qu'il y ait une faute commise, un dommage (préjudice subi) et un lien de causalité entre la faute et le dommage.

b) La responsabilité délictuelle

L'agent immobilier engage également sa responsabilité s'il commet une faute préjudiciable pour le cocontractant (de son mandant) et cela sur la base de l'article 1382 du Code civil. Sont ainsi sanctionnées les erreurs préjudiciables pour l'acquéreur. Ce peut être le cas si l'agent immobilier vend un appartement avec garage dont le vendeur n'est pas propriétaire ou une maison faisant l'objet d'une procédure d'expropriation.

■ *La responsabilité pénale*

L'agent immobilier peut être poursuivi devant les juridictions pénales (art. 16 et 18, loi Hoguet et art. 314-1 et s., C. pén.) et notamment pour :

- *détournement de sommes qui lui ont été confiées* : somme versée à titre de dédit lors de la signature d'un compromis de vente par exemple ;
- *abus de confiance et escroquerie* : fausse identité d'agent immobilier ou vente d'un même bien à plusieurs acquéreurs ;
- *publicité mensongère* : par exemple, fausses informations sur l'environnement d'un appartement en location saisonnière ;
- faux et usage de faux ;
- *manœuvres frauduleuses* pour inciter une personne à acquérir un bien immobilier ;
- *refus de louer* pour des raisons discriminatoires ;
- exercice de la profession sans carte professionnelle.

Partie 2

Le droit et la propriété immobilière

Chapitre 3	Les éléments du droit de propriété	37
Chapitre 4	Les principales atteintes au droit de propriété	43
Chapitre 5	L'acquisition de la propriété	51

Les éléments du droit de propriété

CHAPITRE
3

Selon l'article 544 du Code civil, « la propriété est le droit de jouir et de disposer des choses de la manière la plus absolue pourvu qu'on n'en fasse pas un usage prohibé par les lois ou par les règlements ».

Le droit de propriété est le droit le plus complet puisqu'il permet une maîtrise totale du bien dont on est propriétaire dans les limites définies par la loi. C'est un droit fondamental qui s'applique tant sur les immeubles que sur les meubles et que le législateur n'a cessé de protéger.

1 Les meubles et les immeubles

Il convient de faire la distinction entre les biens immeubles et les biens meubles :

- ***les immeubles par nature*** sont tous les biens fixés au sol, attachés de façon durable ou incorporés dans un autre immeuble par nature : terrains, maisons, arbres, immeubles, etc. ;
- ***les biens meubles*** sont des biens qui peuvent être déplacés d'un lieu à un autre ou se déplacer par eux-mêmes : table, armoire, voiture, animaux, etc.

Toutefois, il faut connaître une catégorie particulière d'immeubles qui est celle des ***immeubles par destination*** laquelle revêt son importance dans l'hypothèse d'une vente immobilière. Ce sont des biens meubles à l'origine mais que la loi qualifie d'immeubles par destination, en raison du lien qui les unit à un immeuble par nature dont ils constituent un accessoire et auquel ils sont attachés durablement (statue scellée au sol, cheminée en pierre, certains radiateurs scellés au mur, les animaux attachés à une exploitation et le matériel correspondant, etc.).

Dans une vente d'immeuble, seuls les biens immobiliers sont pris en compte pour le calcul des droits de mutation. Lorsqu'ils sont vendus avec l'immeuble, les biens mobiliers doivent faire l'objet d'un inventaire car ceux-ci ne sont pas soumis aux droits de mutation.

2 Les caractères et les attributs du droit de propriété

Le droit de propriété est un ***droit réel*** (*res* en latin signifie la chose). C'est un droit qui porte directement sur la chose objet du droit par opposition à un ***droit personnel*** qui est le droit d'exiger d'une personne l'exécution d'une obligation.

■ Les caractères du droit de propriété

Le droit de propriété se caractérise par trois caractères :

- ***exclusif*** : c'est un droit qui appartient, en principe, à une seule personne. Toutefois, les atteintes à ce caractère exclusif sont nombreuses comme l'indivision ou la copropriété par exemple ;
- ***absolu*** : le propriétaire peut faire ce qu'il veut de la chose sauf usages prohibés par la loi (art. 544, C. civ.) et il réunit à lui seul l'*usus*, l'*abusus* et le *fructus* ;
- ***perpétuel*** : le droit de propriété demeure tant que la chose existe et ne disparaît pas avec son propriétaire puisque le droit de propriété est attaché à la chose et non à la personne. Il est transmissible (vente, succession, etc.).

■ Les attributs du droit de propriété

Le caractère absolu comprend les attributs suivants :

- l'***usus*** : qui est le droit d'utiliser la chose, d'en user. C'est le droit d'occuper un appartement, une maison ;
- le ***fructus*** : qui est le droit de percevoir les fruits et les produits. Les loyers sont des fruits ;
- l'***abusus*** : c'est le droit de disposer de la chose : droit de vendre, donner, détruire, léguer.

3 Les différents modes d'acquisition de la propriété

■ L'acquisition par contrat

Le droit de propriété peut être transféré par l'effet d'un contrat : acte de vente, de donation, d'échange.

En vertu de l'article 1583 du Code civil, ***le transfert de propriété a lieu au moment de l'échange des consentements*** lorsqu'il y a accord sur la chose et sur le prix et cela même si la chose n'est pas encore livrée ou payée.

Une clause du contrat peut toutefois prévoir le transfert de propriété au moment de la livraison ou du paiement intégral du prix par l'acheteur ou encore de la signature de l'acte authentique de vente. Juridiquement, la vente est parfaite lors de la signature de l'avant-contrat (compromis de vente, par ex.) sous réserve de la réalisation des conditions suspensives sans quoi la vente ne produira aucun effet (par ex. la condition suspensive d'obtention du prêt).

Le transfert de propriété n'est toutefois opposable aux tiers (personnes non parties au contrat) qu'à partir de l'accomplissement des ***formalités de publicité foncière*** par le notaire à la conservation des hypothèques. Ce service (à la direction générale des impôts) assure la publicité de l'information immobilière à toute personne souhaitant obtenir des renseignements sur un immeuble (nom du propriétaire, état hypothécaire, etc.).

■ *L'acquisition par la prescription acquisitive ou usucapion*

La prescription acquisitive est un mode d'acquisition de la propriété par une possession prolongée de l'immeuble durant une certaine période (art. 2258, C. civ.).

La possession se caractérise par un comportement et des actions du possesseur qui agit en véritable propriétaire alors qu'il ne détient juridiquement aucun pouvoir de droit sur le bien. Cela se traduit par deux éléments :

- l'***animus*** : il s'agit de l'intention du possesseur de se comporter et d'agir en véritable propriétaire ;
- le ***corpus*** : il s'agit pour le possesseur de concrétiser son intention par des actes matériels sur le bien qu'il possède.

Ainsi pour qu'une possession prolongée puisse déboucher sur une véritable propriété, elle doit présenter quatre caractères indispensables en vertu de l'article 2261 du Code civil

Une possession continue	Le possesseur accomplit régulièrement et de manière continue tous les actes matériels indispensables à cette possession qui doit être ininterrompue.
Une possession paisible	Le possesseur agit et se comporte sans violences morales ou matérielles.
Une possession publique	Le possesseur agit en public sans volonté de se cacher.
Une possession non équivoque	À l'égard des tiers, les actions du possesseur doivent être sans ambiguïté dans la mesure où il se comporte en véritable propriétaire sans aucun doute possible.

Pour pouvoir prescrire par une possession prolongée, un ***certain délai doit s'être écoulé*** : en vertu de l'article 2272 du Code civil, en matière immobilière, la possession prolongée pendant ***trente ans*** conduit à la propriété. Toutefois, si l'acquéreur pensait avoir contracté avec le véritable propriétaire (alors qu'il n'en est rien) et s'il est de bonne foi, la durée est ramenée à ***dix ans***.

Une action en revendication du propriétaire dépossédé est possible devant le Tribunal de Grande Instance.

■ *L'acquisition par occupation*

Ce mode d'acquisition consiste à prendre possession d'une chose qui n'appartient à personne dans l'intention de s'en rendre propriétaire. Cela concerne les meubles qui n'ont jamais eu de maître ou qui ont été abandonnés par eux mais pas les immeubles car il n'y a pas d'immeuble sans maître.

En vertu de l'article 713 du Code civil : « *les biens qui n'ont pas de maître appartiennent à la commune sur le territoire de laquelle ils sont situés. Toutefois, la propriété est transférée de plein droit à l'État si la commune renonce à exercer ses droits* ».

4 Les démembrements du droit de propriété

■ *L'usufruit et la nue-propriété*

Le principe juridique du démembrement du droit de propriété consiste à séparer ce droit en deux éléments que sont l'usufruit et la nue-propriété.

Ce démembrement est soit d'origine contractuelle selon la volonté des parties (donation de l'usufruit d'un bien immobilier pour une période déterminée, par ex.) soit d'origine légale c'est-à-dire prévu et organisé par la loi (dans une succession, le conjoint survivant peut opter pour l'usufruit des biens du conjoint décédé).

Usufruit + nue-propriété = pleine propriété

a) L'usufruit

En vertu de l'article 578 du Code civil : « *L'usufruit est le droit de jouir des choses dont un autre a la propriété, comme le propriétaire lui-même, mais à la charge d'en conserver la substance* ».

L'usufruitier ne dispose que d'une partie des prérogatives du droit de propriété. Il possède l'*usus* et le *fructus*.

Il peut user du bien c'est-à-dire l'occuper ou le louer et en percevoir notamment les loyers. Toutefois, les baux commerciaux et ruraux nécessitent l'accord du nu-propriétaire (car assimilés à des actes de disposition).

Ne possédant pas l'*abusus* (droit de disposer de la chose), l'usufruitier ne peut transmettre ou vendre le bien sur lequel porte son usufruit. Il peut, en revanche, transmettre, céder ou donner en garantie son droit d'usufruit. Il s'agit généralement d'un droit viager qui s'éteint au décès de son bénéficiaire pour reconstituer la pleine propriété entre les mains du nu-propriétaire.

Ce droit peut également être accordé de manière temporaire à savoir 5, 10 ans... mais si l'usufruitier meurt avant l'arrivée du terme prévu, l'usufruit s'éteint et le nu-propriétaire devient immédiatement pleinement propriétaire du bien.

b) La nue-propriété

La nue-propriété est le droit complémentaire à l'usufruit. À l'inverse de l'usufruitier qui possède l'*usus* et le *fructus*, le nu-propriétaire conserve l'***abusus*** c'est-à-dire le droit de disposer (vendre, donner, léguer...) non pas du bien mais de son droit.

En effet, lorsque la propriété du bien est démembrée, le nu-propriétaire ne peut vendre ou donner que la nue-propriété du bien. Il ne peut donc ni user ni jouir du bien en l'occupant ou le louant pour en percevoir les loyers (prérogatives de l'usufruitier). Si le nu-propriétaire souhaite par exemple vendre la pleine propriété du bien, il doit obtenir l'accord de l'usufruitier.

Cette situation se retrouve très souvent au moment de l'ouverture d'une succession car le conjoint survivant choisit fréquemment la totalité de la succession du conjoint décédé en usufruit et les enfants disposant alors de la nue-propriété.

■ *La répartition des charges entre nu-propriétaire et usufruitier*

Cette répartition est définie par les articles 605 et 606 du Code civil.

Art. 605	« ***L'usufruitier n'est tenu qu'aux réparations d'entretien. Les grosses réparations demeurent à la charge du nu-propriétaire***, à moins qu'elles n'aient été occasionnées par le défaut de réparations d'entretien, depuis l'ouverture de l'usufruit ; auquel cas l'usufruitier en est aussi tenu ».
Art. 606	« *Les grosses réparations sont celles des gros murs et des voûtes, le rétablissement des poutres et des couvertures entières. Celui des digues et des murs de soutènement et de clôture aussi en entier* ».

À la lecture de ces articles, les grosses réparations sont définies comme étant à la charge du nu-propriétaire et toutes les autres réparations sont des réparations d'entretien à la charge de l'usufruitier.

Les « grosses réparations » sont celles qui affectent l'immeuble dans sa structure et sa solidité générale. Elles concernent essentiellement le gros œuvre : murs extérieurs, charpentes, toiture, etc.

À noter que, si les dépenses de grosses réparations sont le résultat d'un défaut d'entretien de l'usufruitier, alors ce dernier est tenu de les prendre à sa charge.

Si le nu-propriétaire ne respecte pas ses obligations en la matière, l'usufruitier peut le faire à sa place mais il aura droit à la fin de l'usufruit au remboursement de la plus-value résultant des travaux.

De surcroît, si la défection du nu-propriétaire empêche l'usufruitier de jouir normalement de son bien, l'article 599-1 du Code civil lui permet de lancer une action en dommages-intérêts pour le préjudice subi. Les dispositions des articles 605 et suivants du Code civil ne s'imposent pas aux parties. Celles-ci peuvent dans une convention décider de répartir les charges différemment, préférant ainsi prévenir tout litige en définissant les obligations de chacun c'est-à-dire celles du nu-propriétaire et celles de l'usufruitier.

Il est important de bien distinguer et ne pas confondre les réparations nu-propriétaire/usufruitier et les réparations locataire/propriétaire bailleur lesquelles ont des régimes différents et ne couvrent pas les mêmes domaines.

5 La délimitation du droit de propriété : le bornage

Le bornage a pour but de fixer les limites de 2 terrains (immeubles non bâtis) appartenant à des propriétaires privés et qui sont contigus. Bien que facultative, cette opération est souvent destinée à régler des problèmes de voisinage, le but étant de définir la ***ligne séparative entre deux terrains appartenant à des voisins***.

Le bornage est amiable lorsqu'il est réalisé par le géomètre à la demande de deux voisins, d'un commun accord, à frais partagés. Toutefois les frais de mesurage et d'arpentage sont habituellement partagés proportionnellement à la surface respective des deux terrains.

Dans l'hypothèse d'un conflit entre voisins, l'une ou l'autre des parties peut saisir le tribunal d'instance du lieu de situation de l'immeuble aux fins de solliciter ***un bornage judiciaire***. Amiable ou judiciaire, le bornage fixe la configuration des lieux et la délimitation ne peut plus être contestée.

Toutefois ***une opération de bornage n'établit en aucun cas un titre de propriété***.

Les principales atteintes au droit de propriété

CHAPITRE
4

L'article 17 de la Déclaration des droits de l'homme énonce que la propriété est un droit inviolable et sacré. L'évolution du droit en la matière n'a cessé de démontrer l'inverse puisque les atteintes à ce droit fondamental sont fort nombreuses et, de surcroît, tout à fait légales.

1 Les servitudes

■ Définition

Selon l'article 687 du Code civil, une servitude est ***une charge imposée à un immeuble qualifié de fonds servant au profit d'un autre immeuble qualifié de fonds dominant***. Le propriétaire du fonds servant réduit ses droits au profit du propriétaire du fonds dominant (servitude de passage, par ex.).

La ***servitude portant sur le bien immobilier*** (droit réel) n'est pas attachée à la personne du propriétaire et suivra le bien en quelques mains qu'il se trouve. Si un bien est vendu avec une servitude de passage, l'acquéreur devra subir cette servitude qu'il aura acquise avec l'immeuble.

■ Les différents types de servitudes

Les principales servitudes peuvent être classées en cinq catégories :

Les servitudes naturelles	Elles sont édictées par la nature, dépendent de la situation naturelle des lieux comme la servitude d'écoulement des eaux.
Les servitudes apparentes ou non apparentes	Ce sont celles que l'on peut voir par des signes extérieurs ou non : servitudes de vues ou servitudes de canalisations par ex.

Les servitudes conventionnelles	Elles sont établies par convention (contrat) entre propriétaires comme une servitude d'interdiction de construire sur une partie de terrain d'un commun accord.
Les servitudes continues et discontinues	Ce sont celles dont l'usage est ou peut être continu sans avoir besoin d'une intervention de l'homme comme les servitudes de vues et les servitudes discontinues qui nécessitent cette intervention comme le droit de passage.
Les servitudes légales	Elles sont imposées par la loi. Il faut distinguer les servitudes d'utilité publique visant l'intérêt public comme le passage d'une ligne à haute tension et les servitudes d'intérêt privé comme les distances à respecter pour les plantations d'arbres en limite de propriété.

■ *Les modes d'établissement des servitudes du fait de l'homme*

Les articles 690 à 692 du Code civil établissent trois modes de constitution des servitudes du fait de l'homme.

a) La constitution par titre

Deux propriétaires sont libres de créer des servitudes dans les conditions qu'ils déterminent. Le titre peut être une convention ou un testament. Pour être opposable aux tiers, la servitude est obligatoirement établie par un acte authentique publié au bureau des hypothèques.

b) La constitution par prescription

Les servitudes peuvent s'acquérir par la prescription trentenaire. Celui qui revendique par prescription doit apporter la preuve de la possession trentenaire de la servitude (pendant trente ans). Il doit prouver par tous moyens qu'il a possédé ladite servitude de manière continue et non interrompue, paisible, publique et non équivoque. Seules les servitudes apparentes et continues peuvent être acquises par prescription.

c) La constitution par destination du père de famille

Il faut alors prouver que les terrains actuellement divisés ont appartenu au même propriétaire et que la division du terrain a nécessairement entraîné la création de servitude. Dans ce cas, le titre n'est pas nécessaire.

d) La constitution par décision de justice

Si les propriétaires concernés n'arrivent pas à trouver un accord pour constituer une servitude, ils font appel au juge qui peut imposer une servitude dite judiciaire.

Exemples de servitudes

a) La servitude de passage

Elle peut résulter d'une ***obligation légale*** en cas d'enclave (art. 682, C. civ.) : lorsqu'un propriétaire n'a aucune issue ou une issue insuffisante sur la voie publique pour accéder à sa propriété, il peut exiger un droit de passage sur le terrain voisin.

Il doit s'agir d'une nécessité et non d'une facilité d'accès à une voie publique. Les modalités d'exercice de ce droit de passage et l'indemnité perçue par le propriétaire du fonds servant sont définies d'un commun accord entre les parties ou à défaut par le juge.

La servitude de passage peut aussi résulter d'un ***accord amiable*** entre deux voisins qui vont formaliser leur entente dans un écrit. La convention détermine l'emprise et les modalités d'exercice de la servitude, les dispositions relatives à son entretien et l'indemnité versée par le propriétaire bénéficiant de la servitude.

Elle fait l'objet d'un acte notarié et est publiée à la conservation des hypothèques pour être opposable aux tiers.

Dans les deux cas, le propriétaire du fonds servant doit permettre un usage paisible de la servitude de passage et ne pas en entraver l'accès. Le propriétaire du fonds dominant doit, quant à lui, entretenir le passage selon les modalités fixées par les parties et ne pas aggraver l'exercice de ce droit de passage.

b) La servitude de vue

Les vues sont des ouvertures pourvues de portes ou de fenêtres laissant passer la lumière et permettant de voir la propriété voisine (fenêtres, portes, etc.). La servitude de vue permet au propriétaire bénéficiaire d'empêcher le regard du propriétaire du fonds servant :

- en vertu de l'article 675 du Code civil, « *L'un des voisins ne peut, sans le consentement de l'autre, pratiquer dans le mur mitoyen aucune fenêtre ou ouverture, en quelque manière que ce soit, même à verre dormant (laissant passer la lumière mais pas le regard)* ». Si le mur n'est pas mitoyen et appartient au propriétaire du fonds servant, celui-ci ne peut pratiquer que des jours ou fenêtres à fer maillé et verre dormant ;
- en vertu de l'article 678 du Code civil, il est interdit de faire des ouvertures (si vue droite sur le fonds voisin) sur les murs à moins d'1,90 m du fonds voisin et la distance se calcule de l'ouverture en question jusqu'à la limite séparative ;
- en vertu de l'article 679 du Code civil, il est interdit de faire des ouvertures (si vue oblique sur le fonds voisin en tournant et penchant la tête) sur les murs à moins de 60 cm du fonds voisin.

c) Les distances de plantations

L'article 671 du Code civil prévoit l'obligation de respecter une certaine distance s'agissant de ***plantations en limite de propriété***. Elle est de ***2 mètres*** de la limite séparative du fonds voisin si la hauteur des plantations dépasse 2 mètres. Si la hauteur des plantations est inférieure à deux mètres, la distance à respecter est de ***50 centimètres***.

Ces distances toutefois ne s'appliquent que s'il n'existe pas d'usages locaux : règlement de copropriété, cahier des charges d'un lotissement, plan local d'urbanisme, arrêtés municipaux, etc.

Tout propriétaire doit couper les branches qui dépassent la limite séparative et avancent sur le terrain voisin (art. 673, C. civ.). Si les branches avancent sur la propriété du voisin, ce dernier peut demander au propriétaire de les couper à la limite de séparation entre les deux terrains. Contrairement aux branches, le propriétaire d'un terrain sur lequel empiètent les racines des arbres voisins, peut les couper.

2 L'indivision

■ *Définition*

L'indivision est une situation juridique où plusieurs personnes exercent des droits de même nature sur un même bien ou plusieurs biens. C'est pourquoi le régime de l'indivision ne peut s'appliquer entre le nu-propriétaire et l'usufruitier car ils ne sont pas titulaires de droits de même nature.

Chaque co-indivisaire est propriétaire de la totalité du bien en fonction d'une quote-part et non pas propriétaire d'une fraction du bien.

■ *L'indivision légale*

L'***indivision légale***, dont ***les règles sont définies par la loi***, peut résulter de situations diverses et variées :

- d'une indivision successorale résultant d'un décès et où certains héritiers exerceront des droits de même nature sur tout ou partie du patrimoine du défunt (plusieurs enfants héritant d'un bien immobilier, propriété de leur parent décédé) ;
- la dissolution d'un régime matrimonial au cours d'une procédure de divorce peut placer les époux en situation d'indivision provisoire sur une partie de leur patrimoine.

Un partage peut toujours être provoqué, à tout moment, en vertu d'un principe édicté par l'article 815 du Code civil : « *nul ne peut être contraint à demeurer dans l'indivision* ».

Toutefois une décision de justice peut empêcher un partage si celui-ci risque de présenter un danger pour les autres indivisaires. De même une convention établie entre les indivisaires eux-mêmes peut également prévoir de bloquer tout partage durant une certaine période.

■ *L'indivision conventionnelle*

Dans cette hypothèse, l'indivision résulte d'une convention c'est-à-dire d'un ***contrat appelé convention d'indivision*** permettant aux indivisaires concernés de définir les règles de l'indivision notamment les règles de gestion des biens indivis. Ce peut être le cas lors d'un achat en commun d'un bien par plusieurs personnes.

La convention spécifie les biens immobiliers concernés par l'indivision et la quote-part destinée à chaque indivisaire qui possède un droit de propriété complet sur sa part dont il peut disposer librement (vendre, donner, hypothéquer, etc.).

La convention revêt la forme d'un acte notarié publié à la conservation des Hypothèques. D'une durée maximum de cinq ans, elle peut être renouvelée ou prévoir un renouvellement tacite si une clause du contrat le spécifie.

Si l'un des indivisaires souhaite vendre sa part, ***les autres indivisaires disposent d'un droit de préemption*** pour l'achat afin de maintenir l'indivision en l'état. En effet, la plupart des indivisions sont des indivisions familiales et cette règle permet de maintenir la situation dans le cadre familial.

■ *Les règles de gestion de l'indivision*

On distingue trois catégories d'actes juridiques, selon leur importance pour le bien. À chacun de ces actes correspondent des règles de majorité différentes.

a) Les actes de conservation

Les ***actes de conservation*** concernent tous les travaux nécessaires à la conservation du bien. Ils peuvent être ***décidés par un seul indivisaire*** (art. 815-2, C. civ.). En effet, ce sont des actes qui tendent à préserver le bien et ne nécessitent pas de majorité particulière (travaux de réparation d'une toiture, par ex.).

Pour financer ce type de travaux, l'indivisaire peut utiliser les fonds indivis qu'il détient ou encore avancer les frais et récupérer les sommes engagées lors du partage. Il peut, si nécessaire, assigner les autres indivisaires devant le tribunal afin de les obliger à participer aux frais engagés.

b) Les actes d'administration

Les ***actes d'administration*** recouvrent notamment les travaux d'entretien et d'amélioration, le mandat d'administration de l'indivision confié à un tiers ou un indivisaire, la conclusion de baux autres que les baux commerciaux ou ruraux ou encore la vente de meubles indivis destinée à régler les dettes de l'indivision (art. 815-3, C. civ.).

Ces actes nécessitent la ***majorité des deux tiers*** des droits indivis (et non deux tiers des indivisaires) c'est-à-dire que l'on ne tient pas compte pour le calcul du nombre de personnes prenant la décision, mais de la quote-part que possède chaque indivisaire dans l'indivision.

c) Les actes de disposition

Les ***actes de disposition*** sont les plus graves : vente, hypothèque, donation, baux commerciaux ou ruraux, etc. Ils peuvent avoir des conséquences importantes sur le bien et c'est pourquoi de telles décisions nécessitent ***l'unanimité des indivisaires***. Toutefois, la vente d'un bien indivis, en vertu de la loi de simplification du droit du 12/05/2009, est possible à la demande de l'un ou des indivisaires détenant au moins ***deux tiers des parts*** du bien indivis. Cette disposition a pour but d'éviter des situations de blocage qui pouvaient conduire à l'impossibilité de vendre en raison de l'opposition d'une minorité des indivisaires. Mais si des indivisaires minoritaires s'opposent à la vente, le TGI sera saisi.

Exemple : les actes autorisés par le juge

Certains actes peuvent être autorisés par le juge du TGI. Un indivisaire peut en effet saisir le juge pour être autorisé à passer seul un acte pour lequel le consentement d'un autre co-indivisaire est nécessaire, si le refus de celui-ci met en péril l'intérêt commun.

De même, un indivisaire peut être habilité par le juge à représenter un autre indivisaire se trouvant hors d'état de manifester sa volonté. L'habilitation peut être générale ou ne concerner qu'un ou quelques actes précis.

Pendant la période d'indivision, les biens sont gérés soit en commun, soit par un mandataire choisi par le défunt (mandat posthume) ou choisi par les héritiers, soit par un mandataire successoral désigné par le juge du TGI.

3 La mitoyenneté

■ *Définition*

La mitoyenneté est ***un droit réel immobilier que possèdent deux voisins sur la clôture séparative de leurs propriétés***. C'est un droit réel car il est attaché à l'immeuble et non à la personne et il suit le bien en quelques mains qu'il se trouve. Chacun des voisins a ***un droit de propriété sur la totalité du mur*** et non sur une moitié de ce mur.

■ *Les preuves de la mitoyenneté*

La preuve de la mitoyenneté peut être apportée de trois manières :

Par un titre	La mitoyenneté peut s'acquérir par une convention entre les parties dans le but de construire un mur mitoyen sur la ligne séparative de deux terrains dont le coût est en principe réparti par moitié entre les 2 voisins.
Par la prescription trentenaire	Le propriétaire peut aussi acquérir cette mitoyenneté par la prescription trentenaire. Pour cela, il doit prouver qu'il s'est comporté en véritable « copropriétaire » du mur pendant trente ans de manière continue, paisible, non équivoque et publique (ou 10 ans s'il pensait détenir, à tort, un juste titre de propriété). À l'inverse, un propriétaire peut revendiquer la propriété privative d'un mur en invoquant la prescription trentenaire dans les mêmes conditions.
Par des présomptions	Il est parfois difficile d'établir clairement le caractère mitoyen d'un mur et c'est la raison pour laquelle la loi a créé des présomptions de mitoyenneté. La loi a créé des présomptions de mitoyenneté. Ainsi un mur séparant deux propriétés appartenant à deux propriétaires différents est présumé mitoyen sauf preuves contraires (art. 653, C. civ.). Si les constructions ne sont pas de même hauteur, le mur séparatif est présumé mitoyen jusqu'au niveau où s'arrête le bâtiment le plus bas (« l héberge »). Dans ce cas, la partie du mur située au-delà de l'héberge appartient exclusivement au propriétaire du bâtiment le plus élevé Toutefois, certains signes extérieurs peuvent établir le caractère privatif d'un mur séparant deux propriétés : – le sommet du mur n'a qu'une pente : il appartient alors au propriétaire vers le terrain duquel la pente est inclinée ; – le mur présente d'un seul côté un chaperon, un filet ou un corbeau : il appartient exclusivement au propriétaire du côté duquel se trouvent ces signes extérieurs de construction.

■ *L'acquisition de la mitoyenneté*

Un propriétaire a toujours ***la possibilité d'acquérir la mitoyenneté du mur*** séparant celle de son voisin. Pour cela, il doit lui adresser une lettre recommandée avec accusé de réception ou acte d'huissier aux fins de présenter sa demande d'acquisition.

L'accord conclu entre les deux propriétaires fait l'objet d'un acte notarié publié à la conservation des hypothèques. En effet, à défaut de publication, l'acte d'acquisition ne sera pas opposable aux tiers et notamment aux acquéreurs successifs de l'un ou l'autre des propriétaires.

Si les parties n'arrivent pas à conclure un accord, une procédure judiciaire est nécessaire avec nomination d'un expert.

■ *Les droits et obligations des voisins*

a) Des droits identiques

Chaque propriétaire a des droits identiques sur le mur mitoyen. Chacun peut construire ou faire des travaux contre le mur mais, afin de prévenir tout litige, il est fortement recommandé d'obtenir l'autorisation écrite des parties concernées.

En effet, en cas de ***nuisances*** et à défaut d'écrit, l'un des propriétaires peut saisir le juge aux fins d'obtenir la suspension des travaux ou la démolition sans compter les dommages-intérêts éventuels en cas de préjudice.

b) L'entretien du mur mitoyen

En principe l'entretien du mur (travaux, réparations, reconstruction, etc.) est assuré par chacun des voisins et la dépense est répartie par moitié ou proportionnellement aux droits de chacun.

À défaut d'accord, une procédure judiciaire est indispensable.

À noter qu'il est possible à l'un des propriétaires de ne plus entretenir le mur à condition d'abandonner ses droits sur la mitoyenneté. Tout comme l'acquisition, la renonciation résulte d'un acte notarié publié à la conservation des hypothèques.

4 L'abus de droit

Un propriétaire n'a pas le droit d'user de son droit de propriété ***dans le but de nuire à autrui*** même si l'on considère que le droit de propriété est un droit fondamental. Le cas classique est le propriétaire qui construit un mur sur sa propriété dans le but de priver son voisin d'ensoleillement. Si l'intention de nuire peut être manifeste, le problème pour la victime de cet abus de droit sera de le prouver.

5 Les troubles de voisinage

User de son droit de propriété ne doit pas créer de troubles de voisinage. Si chacun d'entre nous doit supporter les inconvénients normaux de voisinage, ceux-ci ne doivent toutefois pas ***présenter un caractère excessif et répétitif***. La difficulté est d'en définir les limites selon le contexte.

Tout est une question de degré dans la gêne et les troubles provoqués et, s'agissant d'une notion jurisprudentielle, c'est aux juges d'en apprécier les caractères et les abus.

L'acquisition de la propriété

CHAPITRE
5

Le droit de propriété s'acquiert notamment dans le cadre d'une vente. Mais avant de conclure définitivement une vente notariée, vendeur et acquéreur peuvent signer un avant-contrat afin de concrétiser leur volonté tout en vérifiant la faisabilité du projet. Ce n'est qu'ensuite qu'ils authentifieront la vente par-devant notaire.

1 L'avant-contrat de vente

■ *Les différents types d'avant-contrats*

a) La promesse unilatérale de vente

Dans ce type d'avant-contrat, le promettant, propriétaire du bien, s'engage à réserver l'exclusivité de la vente de son bien au bénéficiaire (potentiel acquéreur) à qui il offre une option sur la vente pendant un délai défini dans la promesse. Si le bénéficiaire accepte la promesse, cela ne signifie pas qu'il s'engage à acheter mais qu'il s'offre la possibilité d'acheter ou non pendant le délai spécifié dans l'acte. Durant cette période, ***le promettant immobilise son bien*** (il ne peut le vendre à personne d'autre) et à l'issue du terme, le bénéficiaire a le choix entre deux actions :
- soit il décide d'acheter le bien et « ***il lève l'option*** ». La vente a lieu aux conditions définies dans la promesse ;
- soit il décide de ne pas acheter le bien et « ***il ne lève pas l'option*** ». Les parties retrouvent leur liberté et le promettant n'est plus lié au bénéficiaire et réciproquement.

Le promettant a une obligation qui est d'immobiliser son bien et de ne pas le vendre à toute autre personne pendant le délai défini dans l'avant-contrat. Le bénéficiaire, quant à lui, doit se prononcer à l'issue de ce délai en se déclarant acquéreur ou non.

En contrepartie de l'immobilisation du bien par le vendeur, le bénéficiaire lui verse, lors de la signature de la promesse, une ***indemnité d'immobilisation*** c'est-à-dire une somme correspondant à un pourcentage du prix de vente (généralement entre 5 % et 10 %) :

– si le bénéficiaire lève l'option, la vente est parfaite et définitive car il y a accord sur la chose et sur le prix. Les parties sont engagées mutuellement et l'indemnité d'immobilisation vient alors en déduction du prix de vente ;
– si le bénéficiaire ne lève pas l'option, cette somme reste acquise au promettant vendeur sauf si la vente n'a pas pu intervenir par la faute du vendeur ou parce qu'une condition suspensive ne s'est pas réalisée (condition qui permet d'être libéré de son obligation d'acheter le bien immobilier si, dans un délai convenu, un événement prévu dans l'acte ne s'est pas produit : ex. la condition suspensive d'obtention du prêt).

La promesse unilatérale de vente peut faire l'objet d'un acte authentique ou d'un acte sous seing privé lequel doit être ***enregistré à la recette des impôts dans le délai de 10 jours*** à compter de son acceptation par le bénéficiaire, sous peine de nullité de l'acte.

À noter que toute promesse de vente consentie par une personne physique pour une durée supérieure à 18 mois ou toute prorogation portant sa durée totale à plus de 18 mois, doit faire l'objet d'un acte notarié avec versement d'une indemnité d'immobilisation d'un montant minimum de 5 % du prix de vente sous forme de caution ou dépôt entre les mains d'un notaire. Une telle promesse est nulle si elle n'est pas constatée par acte authentique.

b) La promesse unilatérale d'achat

Par cet acte, l'acquéreur s'engage à acheter le bien au bénéficiaire de la promesse (le propriétaire du bien) si celui-ci décide de le vendre.

Le principe est donc inversé par rapport à la promesse unilatérale de vente car seul l'acquéreur est engagé pendant un certain délai limité dans l'acte sans avoir la garantie que le bien lui sera vendu.

Il faut être vigilant sur ce type d'avant-contrat car si le propriétaire décide de vendre, l'acquéreur ne peut plus revenir sur son engagement. La promesse engage fermement l'acquéreur à acheter sans engager le vendeur, tant qu'il n'a pas donné son accord sur l'offre qui lui a été faite.

Aucun versement ne peut être exigé de l'acheteur, sous peine de nullité de l'offre (art. 1589-1, C. civ.).

c) Le compromis de vente

Appelé également promesse synallagmatique de vente, ***le compromis engage les deux parties au contrat puisque le vendeur s'engage à vendre et l'acquéreur à acheter le bien immobilier.***

À partir du moment où il y a accord sur le bien à vendre et sur le prix, le compromis de vente vaut vente et celle-ci est considérée juridiquement comme parfaite sous certaines conditions définies dans l'acte.

Si aucune condition spécifique n'est mentionnée dans l'avant-contrat et que l'une des parties renonce à la vente, l'autre peut l'y contraindre devant le Tribunal (obligation d'exécuter).

Afin d'éviter de telles situations, il peut être prévu dans le compromis de vente ***des clauses de dédit*** permettant aux parties de renoncer à leur engagement moyennant le versement d'une somme d'argent. Il s'agit le plus souvent d'arrhes versées à titre de dédit. Le propriétaire doit alors verser le double des arrhes s'il ne donne pas suite à son engagement de vendre et l'acquéreur perd cette somme s'il renonce à acheter.

■ *Les règles de protection de l'acquéreur*

a) Le délai de rétractation

En vertu de l'article L. 271-1 du Code de la construction et de l'habitation, si l'acquéreur non professionnel d'un logement neuf ou ancien signe un avant-contrat, promesse unilatérale ou compromis de vente, il dispose ***d'un délai de 7 jours pendant lequel il peut*** s'il le souhaite, ***revenir sur son engagement***. L'acquéreur n'a pas à motiver les raisons de son renoncement à la vente.

Pour exercer ce droit de rétractation, l'acquéreur doit le faire par lettre recommandée avec accusé de réception dans le délai de 7 jours à compter du lendemain de la première présentation de la lettre recommandée lui notifiant l'avant-contrat ou de sa remise par tout moyen présentant des garanties équivalentes.

Si l'avant-contrat est signé par l'intermédiaire d'un professionnel mandaté, le délai de rétractation court à compter du lendemain de la remise de l'acte en mains propres par le professionnel.

Toutefois, l'acquéreur doit préciser manuscritement dans l'acte qu'il a connaissance de la possibilité d'user de ce droit dans le délai de sept jours à compter du lendemain de cette remise :

– ***si l'acquéreur signe un avant-contrat directement avec un vendeur non professionnel***, il ne doit verser aucune somme avant l'expiration du délai de rétractation de 7 jours ;

– ***si l'acquéreur signe un avant-contrat par l'intermédiaire d'un professionnel mandaté***, le versement d'une somme d'argent est possible dès la signature de l'avant-contrat dans la mesure où le professionnel dispose d'une garantie financière susceptible d'indemniser les clients lésés.

Seul l'acquéreur d'un immeuble d'habitation, neuf ou ancien, bénéficie du délai de rétractation de 7 jours. L'achat d'un terrain en principe n'est pas concerné par cette mesure.

b) Le délai de réflexion

Si la vente notariée n'est pas précédée d'un avant-contrat, l'acquéreur dispose d'un délai de réflexion de sept jours (art. 271-1, dernier alinéa, CCH).

Ce ***délai court à compter du lendemain*** de la notification par lettre recommandée avec accusé de réception du projet d'acte notarié par le notaire à l'acquéreur ou par remise de l'acte en main propre, contre émargement.

Tout comme le délai de rétractation, le délai de réflexion permet à l'acquéreur de revenir sur son engagement sans avoir à justifier son renoncement à la vente.

■ *Le contenu de l'avant-contrat*

a) Les conditions suspensives

Un avant-contrat peut contenir des conditions suspensives qui, si elles ne se réalisent pas, rendent caduque le contrat de vente.

Ces conditions suspensives évoquent des ***événements futurs et incertains indépendants de la volonté des parties***. Si la ou les conditions se réalisent, la vente aboutira mais si elles ne se réalisent pas, le contrat est censé n'avoir jamais existé. Les sommes versées par l'acquéreur devront alors lui être restituées comme dans le cas par exemple de la condition suspensive d'obtention du prêt ou de la revente de sa propre maison.

Il existe également les clauses résolutoires : elles n'empêchent pas le début de réalisation du contrat mais l'annulent si les événements prévus se réalisent.

Le principe juridique est identique à celui des conditions suspensives : la transaction ne se réalise pas en raison d'un événement indépendant de la volonté des deux parties.

b) Les clauses de l'avant-contrat

L'avant-contrat est un engagement qui revêt une grande importance pour les parties. Les clauses qu'il contient doivent pouvoir leur permettre de renoncer à la vente avec ou sans dédit ou à l'inverse de rester engagées.

1) Les principales clauses

- l'état civil du vendeur et de l'acquéreur ;
- l'origine de la propriété : date du précédent acte de vente, identité du précédent propriétaire, etc. ;
- l'adresse du bien vendu, sa description détaillée avec les éléments d'équipements et sa superficie ;
- les conditions suspensives ou résolutoires ;
- la mention indiquant si le prix est payé avec ou sans l'aide d'un ou plusieurs prêts ;
- si l'acquéreur ne recourt à aucun prêt, il doit le mentionner manuscritement dans l'avant-contrat sous seing privé et s'il recourt néanmoins à un prêt, il ne pourra se prévaloir de la condition suspensive de l'obtention d'un prêt ;
- à l'inverse, si l'acquéreur recourt à un prêt, le contrat est considéré comme conclu sous la condition suspensive d'obtention du prêt. Si la condition suspensive n'est pas réalisée c'est-à-dire que le prêt n'est pas obtenu, la vente n'aura pas lieu et les sommes versées doivent être remboursées à l'acquéreur ;
- le montant de la commission du professionnel mandaté et qui en a la charge ;
- s'agissant de l'achat d'un terrain dans le but de construire un immeuble d'habitation ou mixte, l'avant-contrat doit mentionner si le descriptif du terrain résulte d'un bornage. Le défaut de cette information peut entraîner une action en nullité de la vente ;
- les assurances du logement ;
- la date de livraison du logement ou du terrain ;
- la date de la signature de l'acte définitif de vente par-devant notaire ;
- les diagnostics obligatoires ;
- les hypothèques et les servitudes affectant le logement ou le terrain, etc.

2) Les clauses à proscrire

- la clause excluant le vendeur professionnel de la garantie des vices cachés ;
- dans les zones contaminées, la clause de non garantie des vices cachés constitués par la présence de termites sauf à annexer un état parasitaire. Il en est de même pour la présence de plomb ;
- la clause de non garantie de la contenance ;
- la clause de non garantie des servitudes.

c) Le dossier de diagnostic technique

Ce dossier doit être annexé à l'avant-contrat tout comme il doit l'être au contrat de vente notarié. Il comprend :

Le constat de risque d'exposition au plomb (CREP)	Pour les immeubles ou parties d'immeubles à usage d'habitation construits avant le 1er janvier 1949. Si vente en copropriété, il concerne les parties privatives du lot. Toutefois les parties communes de l'immeuble doivent également faire l'objet d'un constat mais celui-ci n'a pas à être remis par le vendeur ou le bailleur à l'acquéreur ou au locataire. Validité illimitée si absence de plomb sinon validité un an.
L'état mentionnant la présence ou l'absence de matériaux ou produits contenant de l'amiante	Dans tout immeuble dont le permis de construire a été délivré avant le 1er juillet 1997. Si vente en copropriété, il concerne les parties privatives du lot. Mais un dossier technique « amiante » (DTA) des parties communes doit être réalisé par le syndic et être tenu à la disposition des occupants. Validité illimitée si absence d'amiante sinon validité d'un an.
L'état relatif à la présence de termites	Dans un immeuble bâti situé dans une zone délimitée par arrêté préfectoral. Si vente en copropriété, il ne concerne que les parties privatives du lot. Validité : 6 mois.
L'état des risques naturels et technologiques (ERNT)	Si l'immeuble est situé dans une zone couverte par un plan de prévention des risques naturels ou technologiques ou dans une zone de sismicité définie par décret. Validité 6 mois.
Le diagnostic de performance énergétique (DPE)	Il renseigne sur la quantité d'énergie consommée par un bâtiment et évalue sa performance énergétique. Validité : 10 ans.
Le diagnostic électrique	Lorsque l'installation intérieure d'électricité du logement a été réalisée depuis plus de quinze ans. Si vente en copropriété, il concerne les parties privatives. Validité : 3 ans.
Le diagnostic gaz	Lorsque l'installation intérieure de gaz du logement a été réalisée depuis plus de quinze ans. Si vente en copropriété, il concerne les parties privatives. Durée de validité : 3 ans.

Le diagnostic relatif à l'état de l'installation d'assainissement non collectif	Depuis le 1er janvier 2011 (art. L. 1331-11-1, C. santé publ.), lorsque l'immeuble n'est pas raccordé au réseau public de collecte des eaux usées (« tout-à-l'égout »). Ce document est établi par la commune à l'issue d'un contrôle de l'installation et doit être intégré au dossier de diagnostic technique. Validité : 3 ans. En cas de document inexistant ou trop ancien, la réalisation du document est à la charge du vendeur. Si l'installation d'assainissement non collectif lors de la signature de l'acte authentique de vente n'est pas conforme, l'acquéreur doit procéder aux travaux de mise en conformité dans un délai d'un an après l'acte de vente (art. L. 271-4, CCH).

Depuis le 1er décembre 2012, les propriétaires de parties privatives à usage d'habitation en copropriété (permis de construire antérieur au 1er juillet 1997) doivent constituer un dossier amiante à la disposition des locataires et des personnes effectuant des travaux.

Tous ces documents sont réalisés par des professionnels agréés hormis l'État des Risques Naturels et Technologiques (ERNT) par le vendeur et le diagnostic assainissement non collectif par la commune.

Si l'un de ces documents ne figurait pas dans le dossier de diagnostic technique, le vendeur ne pourrait pas s'exonérer de la garantie des vices cachés qui s'y attacherait et serait responsable des conséquences vis-à-vis de l'acquéreur.

S'agissant de l'État des Risques Naturels et Technologiques, son absence permettrait à l'acquéreur de demander en justice la résolution du contrat ou une diminution du prix.

Le Diagnostic de Performance Énergétique, quant à lui, n'a qu'une ***valeur informative***.

2 Le contrat de vente

■ *Les conditions générales de la vente*

Le contrat de vente est un contrat par lequel le vendeur transfert la propriété d'un bien immobilier et s'engage à le livrer à l'acheteur qui doit en payer le prix. Comme tout contrat, il est soumis à des conditions générales.

a) La capacité des parties

Les parties doivent avoir la capacité juridique de contracter excluant ainsi les mineurs et incapables majeurs. Ne peuvent acquérir dans le cadre de l'exercice de leur profession, mandat ou charge :

les tuteurs, les mandataires pour les biens qu'ils sont chargés de vendre (agent immobilier), les officiers publics (notaires, huissiers etc.), les personnes remplissant des fonctions judiciaires, etc.

Mais quels que soient le régime matrimonial et le caractère propre d'un bien, ***les époux ne peuvent, l'un sans l'autre, vendre le logement qui sert de résidence principale à la famille***. L'époux qui n'a pas donné son consentement à la vente du logement familial peut demander l'annulation de la vente dans l'année où il a eu connaissance de l'acte.

b) Le consentement des parties

En vertu de l'article 1109 du Code civil, le consentement ne doit pas avoir été vicié par ***l'erreur, le dol ou la violence***.

L'erreur peut entraîner la nullité de la vente mais elle doit porter sur un élément essentiel de l'immeuble, sur ***une qualité substantielle***. L'acquéreur, s'il avait connu cet élément, n'aurait pas acheté. Ainsi, une Cour d'appel a annulé une vente qui portait sur un appartement situé dans un immeuble de deux étages et comprenant plusieurs appartements, au motif que l'appartement objet de la vente se situait dans un immeuble dépourvu de règlement de copropriété. ***Le dol*** est l'usage intentionnel et volontaire d'une ***manœuvre frauduleuse*** pour inciter l'autre partie à contracter : de fausses informations sur le bien vendu par exemple.

La violence est l'utilisation de ***contraintes physiques ou morales*** pour forcer l'autre partie à contracter : menaces aux fins de signature de la vente.

c) L'objet du contrat

Il désigne la chose sur laquelle porte la convention. L'immeuble doit exister et être déterminé mais exister ne veut pas dire achevé. Cela peut être un immeuble futur (immeuble en état futur d'achèvement). Un promoteur peut commercialiser des appartements non encore construits.

d) La cause

La cause d'un contrat est sa justification. Elle désigne la finalité de l'engagement contractuel, son but. Celui-ci doit être ***licite***, non contraire à la loi. Il doit être conforme à l'ordre public et à la morale.

e) Le prix de la vente

Le prix doit être réel, sérieux et défini par les parties dans le contrat. Toutefois, il peut arriver que le vendeur vende son bien à un prix très inférieur au prix du marché.

Les articles 1674 et suivants du Code civil lui permettent d'engager une action judiciaire devant le Tribunal de Grande Instance aux fins d'obtenir l'annulation de la vente et la restitution du bien immobilier par l'acquéreur ou le versement d'un complément de prix : il s'agit de ***l'action en rescision pour lésion***.

Cette action n'est possible que si le vendeur a été ***lésé de plus de 7/12e du prix*** selon la valeur du bien au jour de la vente et doit être engagée dans les deux ans de la vente. La preuve est apportée par trois experts qui rendent un seul et même rapport. Si la preuve de la lésion est établie, le logement vendu revient dans le patrimoine du vendeur moyennant remboursement du prix à l'acheteur ou l'acheteur conserve l'immeuble moyennant le paiement de la différence du prix.

■ *Les effets de la vente*

Si l'acheteur est tenu de payer le prix selon les modalités définies dans le contrat, le vendeur est quant à lui tenu à diverses obligations engageant notamment sa responsabilité contractuelle.

a) Les obligations du vendeur

Ces obligations pèsent tout aussi bien sur le vendeur que son mandataire (agent immobilier) :

- ***l'obligation d'information sur l'immeuble vendu*** : le vendeur est tenu d'informer l'acquéreur sur toutes les caractéristiques de l'immeuble, sa situation et son environnement actuel et futur. Il doit être de bonne foi et agir en toute transparence. Il doit par exemple l'informer des servitudes, de l'inondabilité du terrain, d'un projet commercial à proximité ;
- ***l'obligation de délivrer l'immeuble vendu*** : le bien délivré par le vendeur à l'acquéreur doit être conforme au bien vendu tel qu'il est décrit et défini dans le contrat. D'après l'article 1614 du Code civil, l'immeuble est délivré dans l'état où il se trouve au moment de la vente. La seule différence entre l'état du bien à la date de l'accord entre l'acheteur et le vendeur et son état lors de la livraison doit être due uniquement à une usure normale ;
- ***l'obligation de garantir l'acquéreur contre toute éviction de l'immeuble vendu*** : c'est l'obligation imposée par la loi au vendeur d'assurer à son acquéreur la possession paisible du bien qu'il lui a vendu c'est-à-dire qu'il doit s'abstenir personnellement de tout acte susceptible de troubler l'acquéreur dans son droit de propriété. Le vendeur doit également le protéger contre toute revendication de tiers sur le bien ;
- ***l'obligation de garantir la surface réelle de l'immeuble vendu*** : hors copropriété (sinon application de la loi Carrez), quand la surface réelle est inférieure à la surface stipulée dans l'acte, l'acquéreur peut demander une réduction du prix au prorata. À l'inverse, quand la surface réelle est supérieure de plus de 1/20e à la surface mentionnée, l'acquéreur doit verser

un complément de prix ou renoncer à l'achat. Ces actions en justice doivent être engagées dans l'année qui suit la signature du contrat ;

– ***l'obligation de garantir les vices cachés de l'immeuble vendu*** : en vertu de l'article 1641 du Code civil, le vendeur est tenu de garantir l'immeuble contre les vices cachés qui le rendent impropre à sa destination c'est-à-dire à l'habitation si c'est un logement ou qui diminue de façon importante l'usage auquel il est destiné. Le vice doit être suffisamment grave à tel point que l'acheteur n'aurait pas acheté ou à un prix moins important s'il en avait eu connaissance. Il doit être antérieur à la vente et non décelé au moment de la vente malgré un examen attentif (ex. fissure dans la dalle, début d'infiltration dans un mur, etc.). Le vendeur n'a toutefois pas l'obligation de garantir les vices apparents, visibles au moment de la vente par l'acquéreur suite à un examen normal et attentif.

b) La responsabilité du vendeur

Si le vendeur ne respecte pas les obligations sus-énoncées, sa ***responsabilité contractuelle*** est engagée. Dans ce cas, l'acquéreur a la possibilité de demander la résolution judiciaire de la vente et le vendeur récupère son bien tout en restituant le prix à l'acquéreur. Ce dernier peut aussi engager une action en diminution du prix du bien vendu s'il a été lésé sur le prix ou la surface. L'acquéreur est également en droit de réclamer des dommages-intérêts si les agissements du vendeur lui ont causé un préjudice moral ou financier. S'agissant des vices cachés, le vendeur peut s'exonérer de garantir les vices cachés du bien grâce à la ***clause d'exclusion de garantie des vices cachés*** (interdite pour les professionnels de l'immobilier et du bâtiment) insérée dans le contrat de vente en vertu de l'article 1643 du Code civil. L'acquéreur ne peut échapper à cette clause qu'en prouvant la mauvaise foi du vendeur qui avait connaissance du vice au moment de la vente.

■ *La vente en l'état futur d'achèvement (VEFA)*

a) Définition

Dans ce type de vente, l'acheteur acquiert un bien immobilier neuf dont la construction n'est pas achevée. En vertu de l'article 261-3 du CCH, l'acquéreur n'obtient de droits que sur ce qui existe au départ à savoir sur le sol et éventuellement les constructions existantes. Il acquiert ensuite la propriété de l'immeuble au fur et à mesure de la construction car le vendeur s'engage à édifier l'immeuble et à en transférer la propriété à l'acquéreur au fur et à mesure de l'édification de l'immeuble. C'est la raison pour laquelle, l'acquéreur paie le prix par tranches de travaux. C'est la grande différence entre la VEFA et la vente à terme.

Dans le ***contrat de vente à terme***, le vendeur s'oblige à livrer l'immeuble à l'acquéreur dès son achèvement et ce dernier s'engage à en prendre livraison et à en payer le prix. L'acquéreur ne devient donc propriétaire de l'immeuble ***qu'au moment où l'achèvement est constaté par acte notarié*** avec paiement intégral du prix (surtout dans le cadre du logement social).

b) Le contrat de réservation

Non obligatoire mais conseillé, c'est un contrat par lequel le vendeur s'engage à réserver le bien immobilier (logement), objet du contrat, moyennant le versement d'un ***dépôt de garantie*** par le réservataire.

1) La forme du contrat

Ce peut être un acte sous seing privé (ou notarié) qui est signé entre les parties et que le vendeur adresse par lettre recommandée avec accusé de réception au réservataire.

À compter du lendemain de la première présentation de la lettre recommandée notifiant le contrat de réservation (ou de sa remise par tout moyen présentant des garanties équivalentes), l'acquéreur a ***un délai de sept jours pour exercer son droit de rétractation*** et revenir éventuellement sur son engagement. Dans cette hypothèse, le dépôt de garantie qu'il a versé, lui est restitué.

Si l'acquéreur n'a pas signé de contrat de réservation, il peut bénéficier d'un délai de réflexion de sept jours à compter du lendemain de la première présentation de la lettre recommandée avec accusé de réception notifiant le projet d'acte de vente notarié (ou de sa remise par tout moyen présentant des garanties équivalentes).

2) Les clauses du contrat

En vertu de l'article R. 261-25 et suivants du CCH, les principales clauses sont les suivantes :

- la surface habitable approximative ;
- l'énumération des pièces principales, pièces de service, dépendances, etc. ;
- la situation du logement (immeuble, lotissement) ;
- le prix prévisionnel de vente et ses modalités de révision ;
- les conditions légales relatives au dépôt de garantie ;
- les modalités de règlement du prix ;
- la qualité de la construction ;
- les conditions suspensives ;

– les prêts que peut obtenir le vendeur pour l'acquéreur ;
– la date de signature du contrat définitif.

3) Le dépôt de garantie

À la signature du contrat de réservation, l'acquéreur verse un ***dépôt de garantie*** déposé sur un compte ouvert au nom de l'acquéreur ou chez un notaire.

Son montant est limité à 5 % du prix de vente si le contrat définitif est signé dans un délai d'un an, et 2 % s'il est signé dans un délai d'un à deux ans. Au-delà rien n'est exigé (art. R. 261-28, CCH).

Il doit être restitué dans un délai de ***trois mois*** à compter de la demande faite au vendeur par lettre recommandée avec accusé de réception :
– si l'acquéreur utilise son droit de rétractation ;
– si le prix prévisionnel a augmenté de plus de 5 % ;
– si l'acquéreur n'a pas obtenu son ou ses prêts ;
– s'il manque un ou plusieurs éléments d'équipement ;
– si l'immeuble subit une dépréciation due à sa qualité ou sa consistance de plus de 10 % ;
– si le contrat définitif de vente n'est pas conclu dans les délais.

Avant la conclusion du contrat, tout versement d'argent est interdit sauf le dépôt de garantie.

c) Le contrat de vente

L'acte définitif de vente confère à l'acquéreur les droits sur le sol et la propriété du bien au fur et à mesure de l'édification de l'immeuble. C'est la raison pour laquelle, le contrat ne peut être signé tant que le promoteur n'a pas obtenu le permis de construire.

Le contrat de vente est signé par-devant notaire généralement avant le début des travaux et si les conditions de la vente sont réunies. Le projet d'acte de vente est adressé à l'acquéreur par lettre recommandée avec accusé de réception ***un mois*** avant sa signature.

1) Les clauses obligatoires

Certaines clauses présentent un caractère obligatoire :
– la description du bien vendu et ses caractéristiques techniques ;
– la situation du bien dans l'ensemble immobilier ;
– le prix ferme et définitif ;
– l'échelonnement des paiements ;
– la date de livraison ;

– la garantie d'achèvement de l'immeuble et la garantie de remboursement des fonds versés ;
– les conditions suspensives ;
– les pénalités dues par le promoteur en cas de livraison avec retard ;
– les garanties légales du vendeur en matière de vices apparents et vices cachés.

2) L'échelonnement des paiements

Le paiement, strictement réglementé, est fractionné en plusieurs échéances selon l'avancement des travaux. Si le vendeur bénéficie de la garantie d'un organisme extérieur pour l'achèvement de l'immeuble, les versements de l'acquéreur ne doivent pas dépasser :
– 35 % du prix du logement à l'achèvement des fondations ;
– 70 % du prix du logement à la mise hors d'eau ;
– 95 % du prix du logement à l'achèvement des travaux ;
– le solde de 5 % à la réception des travaux. Cette somme est consignée en cas de contestations ou de réserves quant à l'exécution des travaux.

Lorsque le contrat de vente est conclu sous des conditions suspensives (obtention de prêts par ex.), aucun versement ne doit être effectué avant la réalisation de ces conditions.

3) Les annexes au contrat

Des annexes sont jointes au contrat :
– le règlement de copropriété ou le règlement de lotissement et cahier des charges ;
– un plan coté et la notice technique du logement ainsi que le plan de l'ensemble immobilier ;
– les plans, coupes et élévations avec les cotes et l'indication de la surface de chacune des pièces et dégagements ;
– une attestation d'assurance en responsabilité décennale et une attestation d'assurance dommages-ouvrage ;
– la liste des éléments d'équipements du logement ;
– l'état d'inscription des hypothèques.

d) La réception et la livraison du bien vendu

La réception et la livraison du bien sont deux étapes importantes dans une VEFA.

La réception	Elle intervient ***entre le promoteur immobilier et les différents entrepreneurs***. Il s'agit de l'acte par lequel le promoteur déclare accepter l'ouvrage avec ou sans réserves (selon la présence de malfaçons ou non). C'est donc le vendeur qui va inscrire les éventuels défauts apparents dans le procès-verbal de réception qu'il signe avec chaque entrepreneur.
La livraison	Elle a lieu après la réception des travaux et intervient ***entre le promoteur vendeur et l'acquéreur*** qui va réceptionner le logement acquis avant d'en prendre possession et de recevoir les clés. S'il constate des malfaçons et des désordres, il les mentionne dans un procès-verbal afin que les travaux correspondants puissent être exécutés. Les réserves émises permettent à l'acquéreur de consigner les 5 % du prix restant à payer afin de faire pression sur le vendeur. En l'absence de réserves, la totalité du prix est versée.

e) Les garanties et assurances

1) Les garanties en cours de construction

Il y en a trois principales :

- ***la garantie extrinsèque d'achèvement des travaux*** (art. R. 261-21, CCH). Elle est fournie par un organisme bancaire, établissement financier ou société d'assurance qui garantit l'acquéreur de l'achèvement des travaux en cas de défaillance du promoteur. Le garant est tenu de fournir les montants nécessaires à l'achèvement des travaux si le promoteur ne peut le faire lui-même ;
- ***la garantie intrinsèque d'achèvement des travaux*** (art. R. 261-18, CCH). Elle existe sans que le vendeur ait besoin de la garantie d'un organisme extérieur, dès lors que l'opération répond, au moment de la vente, à l'une ou l'autre des conditions suivantes laissant présumer que les constructions arriveront à terme :
  - si l'immeuble est mis hors d'eau et n'est grevé d'aucun privilège, hypothèque ou gage immobilier,
  - si les trois conditions suivantes sont réunies : les fondations sont achevées, le financement de l'immeuble ou des immeubles d'un même programme est assuré à hauteur de 75 % du prix des ventes, et le vendeur a ouvert un compte unique auprès d'un établissement de crédit et s'engage à y déposer les fonds permettant le financement du ou des immeubles du programme de construction ;
- ***la garantie de remboursement*** : elle prend la forme d'un cautionnement solidaire par lequel un établissement bancaire ou financier ou une société d'assurance s'engage à rembourser les versements effectués par l'acquéreur en cas de résolution amiable ou judiciaire de la vente par suite du non-achèvement des travaux.

Le vendeur et le garant ont la faculté, au cours de l'exécution du contrat de vente, de substituer la garantie d'achèvement prévue à l'article R. 261-21 du CCH, à la garantie de remboursement ou inversement, à la condition que cette faculté ait été prévue au contrat de vente.

Cette substitution doit être notifiée à l'acquéreur.

2) Les garanties à la réception des travaux

La réception entre le vendeur et les entreprises, marque le point de départ des garanties décennales et biennales :

– ***la garantie des vices apparents*** : ce sont des vices décelables après un examen attentif par un non professionnel. Le vendeur est tenu à la garantie des vices apparents non seulement lors de la construction mais également lors de la période précédant la plus tardive des deux dates suivantes :
  - la réception des travaux,
  - un mois après la prise de possession de l'immeuble par l'acheteur. L'acquéreur est alors recevable pendant un an à compter de la réception des travaux ou de l'expiration du délai d'un mois après la prise de possession à intenter contre le vendeur l'action en garantie des vices apparents couverts par la garantie de parfait achèvement ;

– ***la garantie des vices cachés*** : le promoteur est responsable des vices cachés donc non visibles portant atteinte à la solidité ou à la destination du logement et par conséquent d'une certaine gravité (murs fissurés, dalle fendue, etc.). Ces vices sont couverts par la garantie décennale pendant ***une période de 10 ans*** suivant la réception des travaux entre les entrepreneurs et le promoteur vendeur (art. 1792, C. civ.) ;

– ***la garantie biennale*** : elle concerne les éléments dissociables du bâtiment qui peuvent être enlevés sans détériorer la structure de l'immeuble : volets, portes, fenêtres, etc. Ces éléments font l'objet d'une garantie de bon fonctionnement ***pendant deux ans*** à compter de la réception du logement. L'acquéreur n'a pas à prouver la faute de l'entreprise qui est à l'origine des défauts couverts par la garantie ;

– ***la garantie d'isolation phonique*** : elle garantit pendant un an à compter de la réception du bien vendu, les travaux nécessaires au respect des normes minimales d'isolation phonique.

PARTIE 3

Les locations

Chapitre 6	Les locations nues à usage d'habitation principale ou mixte	69
Chapitre 7	Les locations meublées	93
Chapitre 8	Les locations saisonnières	99
Chapitre 9	Les locations HLM	103
Chapitre 10	Les locations en vertu de la loi du 1er septembre 1948	109
Chapitre 11	Les locations commerciales	113
Chapitre 12	Les locations professionnelles	123

Les locations nues à usage d'habitation principale ou mixte

Chapitre 6

La loi Mermaz du 6 juillet 1989 régit la location des locaux à usage d'habitation principale ou à usage « mixte » c'est-à-dire les locaux destinés à servir d'habitation principale mais permettant également l'exercice d'une activité professionnelle. Cette loi est d'ordre public c'est-à-dire qu'il n'est pas possible d'y déroger et elle impose aux parties un certain nombre de règles impératives.

1 Principes généraux

■ Le champ d'application de la loi Mermaz

La loi Mermaz du 6 juillet 1989 réglemente les locations nues ***à usage d'habitation principale ou mixte***.

Le locataire peut tout d'abord utiliser le local à usage uniquement d'habitation principale. Notons qu'un même individu ne peut avoir qu'une résidence principale protégée par la loi où se situent ses principaux intérêts ou ceux de la famille.

Mais la location peut être à usage mixte d'habitation et professionnel sachant que la destination des lieux doit être spécifiée dans une clause du bail. Le locataire peut alors ***utiliser le local pour y habiter et y exercer une activité professionnelle***. Il s'agit ***d'activités non commerciales*** c'est-à-dire les professions libérales ou assimilées (médecins, infirmières libérales, kinésithérapeutes, etc.) ou artisanales lorsqu'il n'existe pas de fonds artisanal.

Si le logement loué est dans une copropriété, le règlement de copropriété doit autoriser l'exercice d'activités libérales dans l'immeuble (destination bourgeoise simple ou mixte).

■ Les locations exclues de la loi Mermaz

Plusieurs locations échappent à cette réglementation parce que certaines sont soumises à une législation particulière ou tout simplement aux règles du Code civil : les locations meublées, les locations, saisonnières, les locations à usage exclusivement professionnel, les locations commerciales, les locations rurales, les locations HLM (en partie soumises à la loi Mermaz), les locations de garages, places de parking non attachées au logement et les logements de fonction.

■ Le principe de la non-discrimination à la location

Le principe de la non-discrimination à la location est défini par la loi de modernisation sociale du 17 janvier 2002 introduit dans l'article 1er de la loi Mermaz : « *Aucune personne ne peut se voir refuser la location d'un logement en raison de son origine, son patronyme, son apparence physique, son sexe, sa situation de famille, son état de santé, son handicap, ses mœurs, son orientation sexuelle, ses opinions politiques, ses activités syndicales ou son appartenance ou sa non-appartenance vraie ou supposée à une ethnie, une nation, une race ou une religion déterminée* ».

En cas de litige, le locataire discriminé doit présenter des éléments de faits (témoignages, rumeurs, etc.) laissant supposer l'existence d'une discrimination.

2 La forme du bail

■ Un bail écrit

Le contrat de location est établi par écrit (art. 3, loi du 6 juillet 1989). Il peut être conclu directement entre le propriétaire et le locataire c'est-à-dire sous la forme d'un acte sous seing privé établi sur papier libre. Il peut aussi être rédigé par l'intermédiaire d'un professionnel comme un agent immobilier par exemple auquel cas sa rémunération est partagée entre propriétaire et locataire. S'il est établi par un notaire, c'est alors un acte notarié, authentique, dont une copie est délivrée au propriétaire et au locataire.

La jurisprudence admet la validité d'un ***bail verbal***. Lorsque le bail a reçu un commencement d'exécution, la preuve du bail verbal est rapportée par tout moyen (paiement des loyers, production de quittances, état des lieux, etc.). Mais en l'absence de début d'exécution, la preuve du ***bail verbal*** par témoins n'est pas admise et son existence doit être prouvée par écrit.

Les clauses du bail

Le bail contient différents types de clauses :

Les clauses obligatoires	– précisent le nom et l'adresse du propriétaire et de son locataire – indiquent la durée de la location et sa prise d'effet – décrivent le logement et ses annexes (garage, cave, etc.) – précisent la destination du local loué : habitation ou usage mixte d'habitation et professionnel – indiquent le montant et les termes de paiement du loyer – prévoient la révision du loyer si elle est envisagée et ses modalités – indiquent le montant du dépôt de garantie si celui-ci est prévu – mentionnent la surface habitable du logement loué dans le bail en vertu de la loi MOLLE DU 25 mars 2009 (loi de mobilisation pour le logement et la lutte contre l'exclusion) – décrivent les parties communes si le logement se situe dans une copropriété
Les clauses facultatives	– sont définies dans le bail selon la volonté du propriétaire bailleur et du locataire à condition qu'elles ne soient pas contraires à la loi
Les clauses pouvant être déclarées nulles judiciairement	– obligent le locataire, en vue de la vente ou de la location du logement, à laisser visiter le logement les jours fériés ou plus de deux heures par jour les jours ouvrables – imposent au locataire la souscription d'une assurance habitation auprès d'une compagnie choisie par le propriétaire – imposent comme mode de paiement du loyer le prélèvement automatique – prévoient la résiliation de plein droit du bail pour d'autres motifs que le non-paiement du loyer, des charges, du dépôt de garantie ou la non-souscription d'une assurance risques locatifs ou pour troubles de voisinage constatés – interdisent au locataire l'exercice d'une activité politique, syndicale, associative ou confessionnelle, etc.

Les clauses réputées non écrites (contraires aux dispositions de la loi et réputées n'avoir jamais été rédigées)	– imposent au locataire la facturation de l'état des lieux contradictoire – interdisent au locataire de rechercher la responsabilité du bailleur ou qui exonère le bailleur de toute responsabilité – interdisent au locataire d'héberger des personnes ne vivant pas habituellement avec lui – imposent au locataire le versement, lors de l'entrée dans les lieux, de sommes d'argent en plus de celles prévues aux articles 5 et 22 (coût établissement du bail et dépôt de garantie) – font supporter au locataire des frais de relance ou d'envoi de la quittance (interdit par la loi Molle) – prévoient que le locataire est automatiquement responsable des dégradations constatées dans le logement.

3 Les documents joints au contrat de bail

■ *Les annexes*

a) L'état des lieux

Il s'agit d'un document non obligatoire mais vivement conseillé, qui décrit l'état du logement loué tant à l'entrée dans les lieux qu'à la sortie. Il est joint au bail et c'est en comparant l'état des lieux d'entrée et l'état des lieux de sortie, que le propriétaire peut éventuellement constater les dégradations dans le logement. Il déduit alors le montant des réparations du dépôt de garantie versé à l'entrée dans les lieux.

L'état des lieux est ***contradictoire*** lorsqu'il est établi par écrit entre le bailleur et le locataire d'un commun accord. Signé par les deux parties à l'entrée dans les lieux et à la sortie, il est gratuit.

Si l'une des parties refuse de dresser un état des lieux en raison d'un litige, l'autre partie peut faire appel à un ***huissier de justice*** dont la rémunération est partagée par moitié entre le propriétaire et le locataire.

Si l'une des parties mandate un huissier de justice pour établir un état des lieux en dehors de tout litige, alors que l'autre souhaite un état des lieux contradictoire, les frais de l'état des lieux incombent en totalité à celui qui a mandaté l'huissier.

Enfin, en vertu de l'article 1731 du Code civil, s'il n'a pas été fait d'état des lieux, ***le locataire est présumé avoir reçu le logement en bon état de réparations***, sauf preuves contraires. Son absence peut donc être source de nombreux litiges.

b) Les extraits du règlement de copropriété

Lorsque la location concerne un logement dans une copropriété, le bailleur joint au bail les extraits du règlement de copropriété concernant la destination de l'immeuble, la jouissance et l'usage des parties privatives et communes. En effet, il est important que le locataire ait connaissance des obligations imposées dans l'immeuble notamment s'agissant des parties communes (couloir, hall d'entrée, cour commune, etc.).

c) L'attestation d'assurance contre les risques locatifs

Le locataire est tenu de s'assurer contre les risques dont il doit répondre dans le local loué, tels que l'incendie, l'explosion ou le dégât des eaux. Lors de la remise des clefs, le locataire justifie de cette assurance auprès de son bailleur, mais également chaque année. Le bailleur peut en effet réclamer l'attestation d'assurance tous les ans afin de vérifier que son locataire n'a pas résilié son contrat d'assurance habitation.

Si le locataire ne produit pas l'attestation demandée, le locataire ***s'expose à la résiliation de plein droit de son bail***, un mois après l'envoi d'un commandement demeuré infructueux qui sera suivi d'une procédure devant le tribunal (art. 7g, loi 6 juillet 1989).

d) Le contrat de cautionnement

Le cautionnement est un acte juridique par lequel un tiers (non-partie au contrat de bail) s'engage à l'égard du propriétaire d'un logement à garantir l'exécution des obligations du locataire (paiement du loyer et charges notamment).

Le bailleur peut exiger une caution qui paiera les loyers et charges au lieu et place du locataire défaillant. L'engagement de caution (ou contrat de cautionnement) prend la forme d'un document écrit comportant la durée et l'étendue du cautionnement, ainsi qu'une mention manuscrite de la personne qui se porte caution, indiquant qu'elle a connaissance de l'étendue de son obligation.

Le cautionnement peut être solidaire auquel cas la caution est engagée au même titre que la personne cautionnée. Le créancier peut à son choix s'adresser à l'une ou l'autre.

Mais s'il s'agit d'un ***cautionnement simple***, la caution n'est alors tenue de payer que si le locataire est insolvable ou si les poursuites contre lui échouent. Depuis la loi Molle du 25 mars 2009 (Mobilisation pour le Logement et Lutte contre l'Exclusion), le propriétaire bailleur personne physique qui a souscrit une assurance garantissant les risques locatifs, ne peut plus demander de cautionnement à son locataire, sauf si le locataire est étudiant ou apprenti (loi du 24 novembre 2009).

Les diagnostics

Les diagnostics prévus par la loi sont regroupés dans un ***dossier de diagnostic technique*** (DDT).

Il s'agit de fournir au locataire des renseignements utiles lui permettant d'être parfaitement informé sur l'état du logement, les travaux éventuels à effectuer ou évaluer sa consommation énergétique. Il contient :

Le diagnostic de performance énergétique (DPE)	Ce diagnostic indique, soit la quantité d'énergie effectivement consommée, soit la quantité d'énergie estimée pour une utilisation normale du logement. Depuis le 1er janvier 2011, en cas de vente ou de location d'un bien immobilier, le classement du bien au regard de sa performance énergétique doit être mentionné dans les annonces immobilières.
Le constat de risque d'exposition au plomb (CREP)	Le constat de risque d'exposition au plomb (CREP) ou diagnostic plomb consiste à mesurer l'éventuelle présence de plomb dans tous les revêtements de l'immeuble. Il est fourni par le bailleur et annexé au bail lors de sa signature depuis le 12 août 2008. Mais ce diagnostic n'est obligatoire que si le logement est situé dans un immeuble (y compris une maison individuelle) construit avant le 1er janvier 1949, quelle que soit la zone géographique.
L'état des risques naturels et technologiques (ERNT)	Uniquement si le bien, objet de la location, est situé dans l'une des zones couvertes par un plan de prévention des risques naturels et technologiques défini par la Préfecture. Ce diagnostic est fourni à chaque nouveau locataire. Il doit avoir été établi depuis moins de six mois avant la date de conclusion du contrat de location. À défaut d'annexion de l'état des risques ou à défaut d'information sur la survenance de sinistres antérieurs, le locataire peut poursuivre son bailleur aux fins de résilier le contrat ou diminuer le prix du loyer.

Selon la loi du 9 mars 2010, tous les locaux d'habitation (maison individuelle, lots en copropriété), loués ou non, devront être équipés d'au moins un ***détecteur de fumée*** avant le 8 mars 2015 et l'occupant devra remettre une attestation d'installation à son assureur.

L'obligation d'installation et d'entretien du *DAAF (Détecteur Autonome Avertisseur de Fumée)* pèse toutefois sur le propriétaire dans les locations saisonnières, meublées, les logements de fonction et les foyers.

4 La durée du bail

Un bail de trois ou six ans

La durée minimale du bail est de ***trois ans si le bailleur est un particulier*** ou si le bailleur est une société civile constituée exclusivement entre parents et alliés jusqu'au quatrième degré inclus (société familiale) ou encore s'il s'agit d'une indivision. Par contre, la durée est de ***six ans si le propriétaire est une personne morale*** comme par exemple une société.

À l'issue de cette période, le contrat de location se ***reconduit tacitement*** pour la même période et ainsi de suite jusqu'au congé adressé par l'une ou l'autre des parties. La reconduction tacite, ne nécessitant aucun formalisme particulier, s'opère automatiquement et n'exige aucun frais.

Un bail de courte durée

Si le propriétaire est une personne physique, l'article 11 de la loi du 6 juillet 1989 indique que « quand un événement précis justifie que le bailleur personne physique ait à reprendre le local pour des raisons professionnelles ou familiales, les parties peuvent conclure un contrat d'une durée inférieure à trois ans mais d'***au moins un an*** ».

Ce peut être le cas lorsque le bailleur entend prendre sa retraite et occuper les lieux dans ce délai ou un militaire de retour de l'étranger. ***L'événement en question figure obligatoirement dans le bail.*** Il ne peut s'agir que d'un événement connu au moment de la rédaction du bail, dont la date est précisée.

Le propriétaire confirme la réalisation de l'événement deux mois avant le terme du bail et le locataire doit quitter les lieux sauf la possibilité pour le bailleur de reporter une seule fois le terme du contrat. À l'inverse si l'événement ne se produit pas, le bail est réputé avoir été conclu pour trois ans depuis sa signature.

5 Les obligations du bailleur et du locataire

Les obligations du bailleur

a) Un logement décent

En vertu de la loi SRU du 13 décembre 2000 (Solidarité et Renouvellement Urbains), le bailleur est tenu de délivrer à son locataire un logement décent ne présentant ***aucun risque manifeste tant***

pour la sécurité physique que la santé des occupants et doté des éléments le rendant conforme à l'usage d'habitation.

Les caractéristiques techniques du logement sont définies par un décret du 30 janvier 2002 dont voici quelques exemples :

- une pièce principale d'au moins 9 m^2 ;
- les réseaux et branchements d'électricité et de gaz conformes aux normes de sécurité ;
- les équipements de chauffage et de production d'eau chaude conformes aux normes de sécurité ;
- une installation sanitaire intérieure au logement ;
- une installation d'alimentation en eau potable, etc.

Si le logement ne répond pas aux caractéristiques de décence, le locataire peut saisir la commission départementale de conciliation et, à défaut d'accord, bailleur ou locataire saisissent le tribunal d'instance.

Le juge peut condamner le bailleur à réaliser les travaux sous astreinte (paiement d'une somme par jour de retard) ou décider de ***réduire ou suspendre, avec ou sans consignation, le paiement du loyer*** jusqu'à exécution desdits travaux.

b) Un logement en bon état d'usage et de réparation

Le logement doit être en bon état et les éléments d'équipement mentionnés dans le bail en bon état de fonctionnement lors de la délivrance des lieux loués. Il est important que ces éléments apparaissent dans les états des lieux d'entrée et de sortie afin de prévenir tout litige.

Si des travaux sont nécessaires, une clause du bail peut autoriser le locataire à les exécuter moyennant une réduction du loyer.

c) Un usage paisible des lieux

Le bailleur s'engage à n'avoir aucun comportement qui serait de nature à troubler le locataire dans sa jouissance du logement (par exemple suppression de l'eau ou du chauffage).

Le locataire doit pouvoir jouir paisiblement du logement loué et le bailleur est tenu d'intervenir pour mettre fin aux désordres susceptibles d'y porter atteinte. Il est important que le locataire puisse vivre normalement dans les locaux et le bailleur lui garantit cette occupation paisible.

d) Un logement entretenu

Cette notion d'entretien est distincte de la notion de décence. Il s'agit des réparations devant être effectuées afin ***de maintenir le logement en bon état*** et éviter ainsi une dégradation lente des locaux.

Si le locataire est tenu d'effectuer les petites réparations locatives et de menu entretien en cours de bail, le bailleur doit réaliser les ***grosses réparations*** indispensables à un logement en bon état d'entretien ainsi que celles qui sont dues à la vétusté, à un vice de construction ou à un cas de force majeure.

Il peut s'agir de travaux concernant le clos et le couvert (toiture, murs, etc.) ou de réparations importantes concernant les éléments d'équipements voire leurs changements si nécessaire (chaudière, ascenseur, etc.).

e) L'acceptation des aménagements du locataire

Le bailleur ne peut s'opposer aux aménagements réalisés par le locataire dans le logement loué lorsque ceux-ci apportent une amélioration. Le locataire agrémente les lieux comme il l'entend tout en précisant que les locaux doivent pouvoir être remis dans leur état d'origine si le bailleur le souhaite ou à l'inverse le propriétaire peut vouloir les conserver.

En revanche, ces aménagements ***ne doivent aboutir en aucun cas à une transformation des locaux*** interdite par la loi Mermaz sauf à obtenir l'autorisation écrite du propriétaire bailleur.

f) La quittance gratuite

La loi Molle prévoit que le bailleur a l'obligation de « transmettre » gratuitement la quittance au locataire qui en fait la demande, que ***cette quittance soit remise en mains propres ou adressée par courrier***. La loi est claire à ce sujet et prévient ainsi toute contestation, mettant fin à de nombreux litiges en la matière.

■ *Les obligations du locataire*

a) Le paiement du loyer et des charges

À défaut de payer le loyer et les charges justifiées ***aux dates convenues***, le locataire s'expose à une procédure en résiliation de bail et expulsion. S'il existe une clause résolutoire dans le bail, le juge ne pourra que constater la résiliation du contrat de location ou, à défaut de clause, se prononcera sur la résiliation ou non.

Dans l'hypothèse d'un litige entre bailleur et locataire, ce dernier ne peut s'exonérer du paiement du loyer et des charges, même si le bailleur ne respecte pas ses obligations. Pour cela, le locataire doit obtenir une autorisation du juge afin de suspendre ou consigner lesdits loyers.

b) L'utilisation paisible des lieux loués

Le locataire doit se comporter paisiblement « en bon père de famille », ***respecter les lieux*** tels qu'ils sont définis dans le bail (habitation exclusive ou mixte habitation et professionnel) et ne pas créer de troubles de voisinage.

Il existe certes les inconvénients normaux de voisinage que chacun doit supporter. Mais à partir du moment où les troubles deviennent excessifs, répétitifs et constatés par un juge, ils peuvent alors justifier une résiliation du bail (bruit, odeurs, comportement agressif, etc.).

c) La réparation des dégradations

Le locataire assume et répare, dans les locaux loués, les ***dégradations et pertes qui sont de son fait***. Dans le doute sur leur origine, les états des lieux sont d'une grande utilité.

Il peut néanmoins s'exonérer de sa responsabilité en cas de :

- ***force majeure*** : événement extérieur à une personne, qui s'impose à elle, et qui est à la fois imprévisible et insurmontable c'est-à-dire dont elle ne pouvait éviter les effets ;
- ***faute du bailleur*** : manquement à ses obligations notamment un logement en bon état de réparations ;
- ***intervention d'un tiers*** : une personne qui n'a pas été introduite dans les lieux par le locataire.

d) L'entretien courant du logement

Le locataire assure ***l'entretien courant des lieux et des éléments d'équipements*** mis à sa disposition pendant la durée du bail. Il peut toutefois être déchargé de ses obligations en cas de vétusté, de malfaçon, de vice de construction, de cas fortuit ou de force majeure. À défaut, le locataire doit indemniser le bailleur.

Les menues réparations et réparations d'entretien courant à la charge du locataire sont définies dans le décret du 26 août 1987, n° 87-712, mais la liste n'est pas exhaustive (il existe un décret de la même date mais portant le n° 87-713 définissant les charges récupérables par le bailleur sur le locataire).

Si la vétusté est à la charge du bailleur, à l'inverse, les réparations rendues nécessaires par un usage « anormal » du logement par le locataire sont, bien évidemment, à la charge de ce dernier.

e) L'acceptation des travaux d'amélioration et d'entretien du bailleur

Le locataire ne peut pas s'opposer aux travaux d'amélioration et d'entretien nécessaires effectués par le bailleur y compris aux travaux d'amélioration de la performance énergétique.

Il doit laisser libre accès à son logement et ne peut exiger aucune indemnisation en raison de la gêne occasionnée. Toutefois, en vertu de l'article 1724 du Code civil, si ces réparations durent plus de quarante jours, le prix du bail est diminué à proportion du temps et de la partie de la chose louée dont il a été privé.

f) La non-transformation des locaux et des équipements loués

Le locataire peut réaliser dans les lieux loués tous les aménagements qu'il souhaite à condition que ceux-ci n'aboutissent pas à une transformation des lieux loués ***sauf à obtenir l'accord écrit du propriétaire***. En effet, si le propriétaire autorise les travaux, il ne peut rien exiger au départ du locataire.

Mais si les travaux ont pour conséquence une transformation des locaux sans l'accord du bailleur, alors ce dernier peut exiger du locataire la remise à l'état d'origine, à ses frais, ou conserver les transformations sans indemnisation du locataire. Il doit s'agir de travaux importants de transformation véritable (percement de murs, installations de cloisons non amovibles, etc.) et non de simples travaux d'amélioration.

À l'inverse, si le bailleur a autorisé les travaux, le locataire peut demander une indemnisation à la condition d'avoir conservé toutes les factures justificatives.

g) L'assurance contre les risques locatifs

Le locataire a l'obligation de s'assurer contre les risques locatifs (principalement incendie, dégâts des eaux, explosion). Une attestation d'assurance est remise par le locataire au bailleur à l'entrée dans les lieux et le propriétaire peut réclamer ***tous les ans l'attestation de paiement***.

La loi accorde une grande importance à cette assurance. Le bailleur est en droit de la réclamer à son locataire et s'il n'obtient pas satisfaction un mois après une mise en demeure, ***le bail peut être résilié de plein droit*** dans le cadre d'une procédure engagée aux fins d'expulsion.

h) L'interdiction de sous-louer les lieux

Le locataire n'a pas le droit de sous-louer le logement loué sauf à obtenir l'accord écrit du propriétaire (art. 8, loi 6 juillet 1989). Le montant du loyer de sous-location ne peut alors être supérieur à celui payé par le locataire principal.

Toutefois, même si la sous-location est autorisée, le propriétaire bailleur et le sous-locataire ne sont liés par aucun contrat et n'ont aucune obligation l'un envers l'autre (sauf le paiement du loyer par le sous-locataire en cas d'impayés du locataire). C'est pourquoi le locataire devient responsable des agissements de son sous-locataire et assume le non-respect de ses obligations.

À l'inverse, le locataire qui louerait son logement sans l'accord express de son propriétaire ou contre son gré, s'exposerait à une résiliation de son bail pour non-respect de ses obligations sans compter la possible expulsion de son sous-locataire.

6 Le dépôt de garantie

Définition

Le dépôt de garantie est une somme versée par le locataire à l'entrée dans les lieux et qui lui est restituée dans ***le délai de deux mois*** suivant la remise des clés (art. 22, loi 6 juillet 1989). Le montant ne peut excéder ***un mois de loyer hors charges*** (loi 9 février 2008).

Toutefois, dans le cas d'un appartement situé dans un immeuble en copropriété, le propriétaire peut conserver le dépôt de garantie jusqu'à l'arrêté des comptes effectué par le syndic de copropriété.

Notons que le propriétaire peut encaisser le montant du dépôt de garantie car il n'a pas le caractère d'un simple dépôt.

La restitution du dépôt de garantie

Le bailleur restitue au locataire sortant le dépôt de garantie ***en conservant le cas échéant les sommes restant dues sous réserve qu'elles soient justifiées***. Il peut s'agir de loyers et charges impayés, réparations locatives ou dégradations dont le locataire est tenu responsable (hors usure normale et vétusté).

Il n'est pas nécessaire que le bailleur fournisse obligatoirement des factures car la jurisprudence admet la présentation de simples devis.

Dans le cas où les frais de remise en état sont supérieurs au dépôt de garantie, le propriétaire peut conserver cette somme et demander au locataire la somme complémentaire si nécessaire en justice.

La loi MOLLE du 25 mars 2009 a complété l'article 22 de la loi 6 juillet 1989 en précisant qu'en cas de mutation (vente, succession, etc.) du logement loué, le locataire réclame le dépôt de ***garantie au nouveau propriétaire***.

Une convention peut avoir été conclue entre vendeur et acquéreur du logement mais elle n'aura aucun effet à l'égard du locataire. Il s'adresse au nouveau propriétaire, à charge pour ce dernier de se retourner contre le vendeur pour lui en demander éventuellement le remboursement dans le cas où vendeur et acquéreur auraient convenu que le dépôt de garantie resterait entre les mains du vendeur.

7 Le loyer

Le loyer initial et sa révision annuelle

Le montant du loyer peut évoluer à condition que le bail contienne une clause de révision.

a) Le loyer initial

À l'entrée dans les lieux, le loyer est librement fixé par le bailleur lequel se base généralement sur les prix pratiqués dans le voisinage pour des logements comparables.

À chaque changement de locataire, le bailleur retrouve toute liberté pour définir le montant du loyer.

b) Le loyer révisé

Tous les ans, à la date anniversaire du bail ou une autre date convenue entre les parties, le bailleur révise le loyer s'il existe une clause de révision dans le contrat de location (art. 17d, loi 6 juillet 1989). À défaut de clause, il n'y a pas de révision possible.

L'indice de référence des loyers (IRL) publié chaque trimestre par l'INSEE (Institut National de la Statistique et des Études Économiques), sert de base pour la révision des loyers des logements soumis à la loi du 6 juillet 1989 (applicable depuis le 1er janvier 2006). L'IRL correspond à la moyenne, sur les douze derniers mois, de l'évolution des prix à la consommation hors tabac et hors loyers.

Aucun formalisme particulier n'est imposé pour cette révision. Il est toutefois conseillé au bailleur d'adresser à son locataire un courrier l'informant du nouveau montant de loyer avec le calcul correspondant à la révision.

À noter que si le bailleur a omis d'appliquer la clause de révision prévue au bail, la prescription en la matière est de cinq ans. Un rappel sur cinq années est donc possible.

La majoration du loyer pour travaux d'amélioration

Une majoration du loyer peut être prévue si le propriétaire, à ses frais, envisage de faire des travaux d'amélioration c'est-à-dire des travaux qui apportent un confort supplémentaire au logement (fenêtre double vitrage, par ex.).

Elle ne peut s'appliquer qu'à l'issue des travaux à condition qu'elle ait été spécifiée dans le bail ainsi que son montant.

Le renouvellement du bail avec augmentation du loyer

a) Les conditions

Lors du renouvellement du bail uniquement c'est-à-dire ***au terme des trois années*** (et non en cours de bail), le bailleur a la possibilité d'augmenter le loyer s'il considère qu'il est sous-évalué et selon un formalisme précis défini à l'article 17c de la loi 6 juillet 1989.

Si le loyer est ***manifestement sous-évalué***, le bailleur doit tout d'abord le prouver en fournissant à son locataire ***des références de loyers pratiqués dans le voisinage*** pour des logements comparables établissant que les loyers en question sont plus élevés. Deux tiers de ces références, au moins, doivent correspondre à des locations pour lesquelles il n'y a pas eu de changement de locataire depuis trois ans.

Le propriétaire a l'obligation alors d'adresser au locataire une offre de renouvellement de bail avec augmentation du loyer ***au moins 6 mois avant l'échéance du contrat de location*** soit par lettre recommandée avec accusé de réception soit par acte d'huissier.

Selon la jurisprudence, la date de réception de la lettre recommandée est celle portée sur l'accusé de réception. Si le locataire la refuse ou ne va pas la chercher au bureau de poste, le délai de six mois risque d'être dépassé et le bail se reconduit alors automatiquement pour 3 ans. Le propriétaire a donc intérêt à adresser le courrier plus de six mois à l'avance ou de procéder par voie d'huissier.

L'offre doit reproduire les dispositions de l'article 17c de la loi 6 juillet 1989 et indiquer le montant du nouveau loyer proposé ainsi que la liste des références :

- six références minimum dans les communes faisant partie d'une agglomération de plus d'un million d'habitants ;
- trois références dans les autres zones géographiques.

Le locataire peut accepter le nouveau loyer ou le refuser, auquel cas, l'une ou l'autre des parties saisit la commission de conciliation. À défaut de conciliation, il faut saisir le tribunal.

À noter que la non-réponse du locataire dans un délai de quatre mois avant le terme du contrat équivaut à un refus.

b) L'étalement de l'augmentation

Si la hausse du loyer est > à 10 % de l'ancien loyer	→	Elle doit être étalée par sixième sur 6 ans.
Si la hausse du loyer est < à 10 %	→	Elle doit être étalée par tiers sur 3 ans si le bailleur est une personne physique ou 6 ans si le bailleur est une personne morale.

Cette hausse s'entend hors révision annuelle liée à la variation de l'IRL.

8 Les charges récupérables ou charges locatives

■ *Définition*

Outre le loyer, le locataire s'acquitte des charges spécifiquement définies dans le décret n° 87-713 du 26 août 1987 et uniquement dans ce décret à l'exception de deux domaines : l'amélioration de la sécurité et la prise en compte du développement durable. Il faut pour cela un accord collectif local.

Ces charges correspondent ***à des sommes que le bailleur a réglées au titre de dépenses qu'il est en droit de se faire rembourser par le locataire***.

■ *Les charges récupérables sur le locataire*

Les principaux postes de dépenses récupérables sur le locataire concernent (art 23, loi 6 juillet 1989) :

Les dépenses pour services rendus liés à l'usage des différents éléments de l'immeuble	– les charges d'ascenseur qui se composent essentiellement du contrat d'entretien et de la consommation d'électricité. Il s'agit des vérifications périodiques minimales et la réparation et le remplacement des petites pièces présentant des signes d'usure excessive ainsi que les interventions pour dégager les personnes bloquées en cabine sans compter le dépannage et la remise en fonctionnement normal des appareils – les frais d'entretien d'antennes collectives qui figurent dans le décret du 26 août 1987 – les dépenses de chauffage collectif, etc.

Les dépenses d'entretien courant et les petites réparations sur les parties communes	Ces dépenses comprennent les fournitures d'entretien consommables, les menues réparations du matériel et les frais du personnel d'entretien. Il s'agit de dépenses portant sur les parties communes de l'immeuble et les dépenses concernant les espaces extérieurs au bâtiment ou à l'ensemble des bâtiments d'habitation (voies de circulation, aires de stationnement, espaces verts, aires et équipements de jeu).
Les taxes qui correspondent à des services dont le locataire profite directement	– la taxe d'enlèvement des ordures ménagères qui apparaît sur la taxe foncière du propriétaire – la taxe de balayage. Cette taxe facultative peut être instituée par les communes, communautés urbaines et d'agglomération lorsqu'elles assurent le balayage des voies de circulation publique

■ *Les charges incombant au bailleur*

Les dépenses effectuées par le bailleur ne figurant pas dans le décret du 26 août 1987 ne sont pas récupérables sur le locataire et restent à sa charge. Ce sont les grosses réparations, l'assurance de l'immeuble, les honoraires du syndic dans les immeubles en copropriété, le ravalement de l'immeuble, la taxe foncière, les frais administratifs de gestion et les dépenses de sécurité et de surveillance de l'immeuble, etc.

■ *Le paiement des charges par le locataire*

a) Le paiement de provisions sur charges

La méthode la plus courante est le ***paiement par le locataire de provisions sur charges*** tous les mois (ou trimestre) en plus de son loyer et le bailleur régularise les comptes au minimum une fois par an sur justificatifs.

Les demandes de provision doivent en effet être justifiées et le bailleur n'a pas le droit de fixer un forfait de charges invariable sans régularisation ou un loyer charges comprises.

Le propriétaire définit la provision en se référant aux arrêtés de charges de la dernière régularisation ou en fonction du budget prévisionnel si l'immeuble est en copropriété.

La régularisation annuelle est obligatoire c'est-à-dire que le bailleur arrête les comptes des dépenses réellement engagées une fois par an. Un mois avant cette régularisation, il adresse un décompte au locataire par nature de charges et le mode de répartition entre locataires si nécessaire.

Pendant le mois qui suit l'envoi de ce décompte, les pièces justificatives des charges sont à la disposition du locataire (factures, contrats de fourniture et d'exploitation, etc.). Ce dernier peut avoir réglé trop de provisions par rapport aux dépenses réellement engagées, le solde étant positif en sa faveur, auquel cas le propriétaire doit lui rembourser le trop versé. À l'inverse, les provisions peuvent avoir été insuffisantes et le locataire doit régler le complément

À noter que si le propriétaire ne régularise pas, il lui est toutefois reconnu, en vertu de la règle de la prescription concernant les actions en paiement des loyers et charges, le droit d'effectuer une régularisation pouvant couvrir les 5 années précédentes et réclamer les éventuels arriérés de charges correspondantes.

En cas de litiges, l'une ou l'autre des parties peut saisir la commission départementale de conciliation par lettre recommandée avec accusé de réception laquelle siège dans les bureaux de la Direction Départementale de l'Équipement.

b) Le paiement des charges réelles et effectives

L'autre méthode est le paiement par le locataire de la totalité des charges sur présentation de factures et autres justificatifs.

Dans cette hypothèse, le locataire ne règle aucune provision en plus de son loyer mais devra anticiper le paiement d'une somme qui peut être importante lors de la présentation des factures.

■ *La contribution du locataire aux travaux d'économie d'énergie*

L'article 119 de la loi MOLLE du 25 mars 2009 (intégré dans l'article 23-1 de la loi 6 juillet 1989) a prévu qu'une contribution financière, en plus du loyer, peut être réclamée au locataire au titre des travaux d'économie d'énergie effectués par le bailleur dans les locaux loués.

Cette contribution est justifiée et par un accord entre bailleur et locataire (sans accord, pas de contribution) et par l'économie de charges réalisée par le locataire suite à ces travaux et dont il va bénéficier.

Il doit s'agir d'un « bouquet » c'est-à-dire d'un ensemble de travaux définis par décret ou de travaux devant permettre au logement d'atteindre un minimal de performance énergétique (décret et arrêté du 23 novembre 2009).

Une telle participation ne peut être demandée au locataire qu'une fois les travaux terminés et sa durée ne peut excéder 15 ans avec un montant fixe et non révisable ne pouvant excéder la moitié de l'économie d'énergie estimée. Elle est signalée sur l'avis d'échéance et sur la quittance de loyer : « Contribution au partage de l'économie de charges ».

9 L'entretien du logement et les réparations

■ À la charge du locataire

Le locataire entretient son logement et y effectue les ***menues réparations*** par opposition aux grosses réparations à la charge du bailleur.

Ces réparations locatives sont définies, de manière non limitative, par un décret du 26 août 1987 (même date que celui définissant les charges locatives) mais portant le n° 87-712.

Les réparations locatives	– les petites réparations et l'entretien des éléments d'équipement (cuisinière, réfrigérateur, climatisation, etc.), du chauffage, de la plomberie, de l'installation électrique... – les petites réparations et l'entretien des revêtements sols, murs et plafonds – le maintien en état de propreté du logement loué...
Ne sont pas des réparations locatives	– les réparations résultant de l'usure normale des lieux. Le propriétaire ne doit pas profiter de l'ancienneté des locaux pour le remettre à neuf au frais du locataire (à l'exception de changement de petits éléments d'équipement comme une poignée de porte, un joint de douche, etc.). Un équipement usé et vétuste doit être changé par le bailleur sauf à démontrer une dégradation du fait du locataire – les réparations résultant d'un vice de construction ou d'une malfaçon dont le locataire n'est pas responsable – les réparations en cas de force majeure : événement imprévisible, irrésistible et extérieur (tornade par ex.).

■ À la charge du bailleur

Il s'agit ***des grosses réparations*** lui permettant de louer un logement décent et en bon état d'entretien et de maintenir le local dans cet état comme la réfection de la toiture, le changement de la chaudière, le ravalement de l'immeuble et le changement des volets et fenêtres, etc.

S'il est prouvé que les réparations résultent d'un défaut d'entretien du locataire, alors le bailleur n'est pas tenu de les assumer.

En cas de litiges sur les charges ou réparations locatives, il est possible de saisir la commission départementale de conciliation et, à défaut d'accord amiable, le tribunal d'instance.

10 La fin du bail

Le congé du locataire

Le locataire peut donner congé (c'est-à-dire informer le bailleur qu'il entend quitter les lieux) ***à tout moment en cours de bail à condition de prévenir le bailleur trois mois à l'avance c'est-à-dire en respectant un préavis de trois mois*** (art. 15-I, loi 6 juillet 1989)

Ce préavis est réduit à ***un mois*** dans des cas très précis :

- en cas de mutation. Selon la jurisprudence de la Cour de cassation, la mutation n'implique pas un certain éloignement géographique ;
- en cas de perte d'emploi ou de nouvel emploi consécutif à une perte d'emploi ;
- en cas de premier emploi ;
- si le locataire est âgé de plus de 60 ans et que son état de santé justifie un changement de domicile ;
- si le locataire est bénéficiaire du RSA.

Le congé est adressé au bailleur impérativement par lettre recommandée avec accusé de réception ou par acte d'huissier. Le préavis commence à courir à compter de la réception de la LRAR ou de l'acte d'huissier entre les mains du bailleur.

Le congé du bailleur

Contrairement au locataire, ***le bailleur ne peut donner congé à son locataire que s'il respecte les motifs imposés*** par l'article 15-I de la loi du 6 juillet 1989. Ils sont au nombre de trois :

- le congé pour reprise ;
- le congé pour vente ;
- le congé pour motifs légitimes et sérieux.

a) Le congé pour reprise

Le bailleur peut donner congé à son locataire à condition de reprendre le logement pour l'habiter lui-même ou le faire habiter par son conjoint, le partenaire auquel il est lié par un PACS, son concubin notoire depuis au moins un an, ses ascendants, ses descendants ou ceux de son conjoint, de son partenaire ou de son concubin.

Il donne congé à son locataire en précisant le motif ainsi que les nom et adresse du bénéficiaire de la reprise lequel est dans l'obligation d'utiliser le logement à titre d'habitation principale, et non comme résidence secondaire ou saisonnière.

Le locataire, qui a quitté les lieux, peut vérifier la réalité du congé. S'il apparaît que le propriétaire ou le bénéficiaire de la reprise n'occupe pas effectivement le logement à titre d'habitation principale, ou qu'il a, peu de temps après la date d'effet du congé, mis en vente ou en location le logement, le locataire peut poursuivre son ancien bailleur. Des dommages-intérêts peuvent être octroyés par le juge en raison du préjudice subi par suite du congé frauduleux. Mais le locataire ne pourra pas réintégrer les lieux.

b) Le congé pour vente

Le propriétaire bailleur peut donner congé, toujours pour l'issue du bail de trois ans, s'il envisage de vendre le logement loué libre de tout occupant.

Dans cette hypothèse, le locataire dispose ***d'un droit de préemption*** c'est-à-dire qu'il est prioritaire pour l'achat du logement (sauf si le bailleur vend à un membre de sa famille jusqu'au 3e degré inclus, à condition que l'acquéreur l'occupe au moins deux ans). C'est la raison pour laquelle le propriétaire doit indiquer dans le congé le prix et les conditions de la vente. S'il est contraint de baisser le prix de vente du logement, il en informe le locataire et la notification vaut nouvelle offre de vente. Le congé reproduit les cinq premiers alinéas de l'article 15-II de la loi du 6 juillet 1989.

Sachant que le congé doit être adressé au locataire avec un préavis de six mois c'est-à-dire six au moins avant le terme du contrat et sachant que l'offre de vente est valable pendant les deux premiers mois du préavis, le locataire peut adopter plusieurs positions :

- ***il accepte l'offre de vente*** : il dispose d'un délai de deux mois pour réaliser la vente à compter de la date d'envoi de sa réponse au propriétaire. Le délai de réalisation de la vente est porté à quatre mois lorsque le locataire indique qu'il recourt à un prêt. Si à l'expiration de ce délai, la vente n'a pas été réalisée, le locataire doit quitter le logement ;
- ***le locataire n'accepte pas l'offre*** dans les deux premiers mois du préavis légal, il doit quitter le logement au plus tard à l'expiration du bail.

c) Le congé pour motifs légitimes et sérieux

Le bailleur peut également donner congé toujours à l'issue du bail pour motifs légitimes et sérieux. Lorsque le locataire ne respecte pas ses obligations contractuelles, alors le propriétaire lui donne

congé s'il peut prouver les manquements invoqués. Le congé indique les motifs allégués justifiant la décision du bailleur comme par ex. :
- les retards répétés de paiement du loyer et des charges ;
- le non-paiement du loyer et des charges ;
- la sous-location non autorisée ;
- la transformation du logement sans l'autorisation écrite du propriétaire ;
- le défaut manifeste d'entretien du logement, etc.

■ *La procédure de congé*

Le congé est toujours adressé par le bailleur à son locataire pour l'issue du bail de trois ans ou de son renouvellement en respectant un ***préavis de six mois***. Il prend la forme obligatoirement d'une lettre recommandée avec accusé de réception ou d'un acte d'huissier. En cas d'envoi d'une lettre recommandée avec accusé de réception, la jurisprudence considère que le préavis de six mois commence à courir à compter de la réception en mains propres par le locataire de la LRAR.

Si locataire est absent ou ne va pas chercher la lettre à la poste ou si la lettre est renvoyée au bailleur, le délai de préavis risque de ne pas être respecté et le congé ne peut produire effet. Dans cette hypothèse, le locataire voit son bail renouvelé pour trois ans automatiquement. Il est donc fortement recommandé au propriétaire d'adresser son congé plus de six mois à l'avance ou de le faire signifier par un huissier de justice.

Le bailleur ne doit pas oublier d'adresser ***le congé à chacun des titulaires du bail*** s'il y a plusieurs colocataires ainsi qu'***à chacun des conjoints*** (s'il est informé du mariage de ses locataires).

Enfin, en vertu de l'article 15-III de la loi 6 juillet 1989, à la fin du bail, si le locataire est âgé de plus de 70 ans et a des ressources inférieures à une fois et demie le montant annuel du SMIC, le propriétaire qui veut donner congé doit lui proposer ***un relogement***, sauf s'il est lui-même âgé de plus de 60 ans ou a des ressources inférieures à une fois et demie le montant annuel du SMIC.

Les conjoints (personnes mariées) sont automatiquement cotitulaires du bail même si un seul a signé le contrat de location alors que les personnes Pacsés ne le sont pas (seul celui qui a signé est titulaire du bail) mais ils sont toutefois solidaires du paiement du loyer. S'agissant des concubins, ils ne sont titulaires du bail que s'ils ont signé tous les deux le bail et la solidarité nécessite une clause spécifique dans le contrat de bail.

11 La résiliation du bail

En vertu d'une clause résolutoire

Les clauses résolutoires sont celles qui permettent, en cas de manquement du locataire à une de ses obligations, de ***résilier le bail automatiquement, sans que les tribunaux ne puissent s'y opposer***.

Mais attention, résiliation automatique du bail ne signifie pas qu'elle se fait automatiquement. Une procédure judiciaire est toujours nécessaire, le juge devant constater l'application de la clause résolutoire et la résiliation du bail. La clause résolutoire est donc une clause, figurant dans le bail, prévoyant la résiliation automatique du contrat de location mais uniquement dans quatre hypothèses précises :

- en cas de non-paiement du loyer ou des charges aux termes convenus ;
- en cas de non-versement du dépôt de garantie ;
- en cas de non-souscription par le locataire de l'assurance obligatoire contre les risques locatifs ;
- en cas de troubles de voisinage constatés (c'est-à-dire constatés par une décision judiciaire définitive).

Sans clause résolutoire

Si le contrat de location ne contient pas de clause résolutoire, le bailleur peut tout de même obtenir la résiliation judiciaire du bail si le locataire ne respecte pas ses obligations.

Dans cette hypothèse, le juge apprécie en vertu de son pouvoir souverain si le non-respect par le locataire de ses obligations contractuelles peut justifier ou non la résiliation de son bail.

Le juge est seul compétent pour apprécier les faits reprochés au locataire et pour décider la résiliation du bail. Il peut aussi accorder des délais au locataire s'il l'estime de bonne foi notamment en cas de loyers impayés.

Le juge peut également ne pas prononcer de résiliation mais condamner le locataire à verser des dommages-intérêts à son bailleur si ce dernier a subi un préjudice du fait des manquements du locataire.

12 L'expulsion

Le bailleur qui souhaite expulser son locataire défaillant, doit respecter une procédure précise et formaliste. Nous prendrons l'exemple d'une procédure d'expulsion pour impayés de loyers :

Étape n° 1 Commandement de payer	Le bailleur fait délivrer au locataire un commandement de payer les loyers impayés par un huissier de justice. L'acte inclut dans son intégralité l'article 24 de la loi du 6 juillet 1989 qui informe notamment le locataire sur les aides et les délais de recours possibles. Si cet article n'est pas précisé dans l'acte, celui-ci est frappé de nullité. À défaut de contester les sommes réclamées, le locataire dispose d'un délai de deux mois pour régler les loyers impayés.
Étape n° 2 Assignation du locataire devant le tribunal d'instance	Si le locataire ne règle pas les loyers impayés dans le délai de deux mois, le bailleur l'assigne devant le tribunal d'instance aux fins d'obtenir sa condamnation au paiement des loyers, la résiliation du bail et son expulsion (possibilité d'une assignation en référé c'est-à-dire en urgence s'il existe une clause résolutoire). L'assignation est notifiée par l'huissier de justice au préfet trois mois avant l'audience afin que ce dernier sollicite les services sociaux pour déclencher les dispositifs d'aides au locataire poursuivi. Le juge peut suspendre la résiliation du bail et accorder au locataire des délais de paiement qui peuvent aller jusqu'à 24 mois. Si le locataire respecte l'échéancier, la procédure prend fin mais à défaut, l'huissier de justice poursuit l'expulsion.
Étape n° 3 Délais d'exécution	Si le locataire fait l'objet d'un jugement d'expulsion, il peut demander au juge des délais d'exécution du jugement (le juge peut même d'office les lui accorder) qui peuvent aller d'un mois à un an selon les difficultés de relogement. Une telle décision est également notifiée au préfet afin d'étudier les possibilités de relogement de l'occupant qui n'est plus considéré comme locataire par suite de la résiliation de son bail.
Étape n° 4 Commandement d'avoir à quitter les lieux	Hormis contestation par l'ex-locataire, la procédure d'expulsion se poursuit. À l'expiration des délais de grâce accordés par le juge, le propriétaire fait signifier par l'huissier de justice un commandement d'avoir à quitter les lieux. Si l'occupant n'a pas quitté les lieux dans le délai de deux mois de la signification du commandement, l'huissier procède à l'expulsion effective. À noter toutefois qu'aucune expulsion ne peut intervenir entre le 1er novembre et le 15 mars sauf : – s'il est prévu un relogement décent pour l'occupant et sa famille ; – si les locaux, menaçant ruine, font l'objet d'un arrêté de péril.

Étape n° 5 Recours à la force publique	Elle n'est possible que si l'occupant refuse son expulsion auquel cas l'huissier de justice dresse un procès-verbal de difficultés. Il sollicite du préfet le concours de la force publique pour expulser c'est-à-dire l'intervention de la police. Le préfet peut refuser ce concours s'il craint que l'expulsion ne provoque un trouble à l'ordre public (menaces, violences). Dans cette hypothèse, le bailleur dépose une demande d'indemnisation au titre des loyers non perçus auprès du préfet qui donne, dans un délai de 4 mois, un avis favorable ou défavorable. Si l'avis est défavorable, le bailleur saisit le tribunal administratif du ressort de l'immeuble pour être indemnisé toujours dans les 4 mois du refus.

13 Le transfert du bail

En cas de décès ou d'abandon du locataire des lieux loués, le contrat de location est transféré au :
- au conjoint ;
- aux descendants qui vivaient avec lui depuis au moins un an ;
- aux ascendants, au concubin notoire ou aux personnes à charge, qui vivaient avec lui depuis au moins un an ;
- au partenaire lié par un PACS.

Les locations meublées

Chapitre 7

Si les locations nues d'habitation sont soumises à de nombreuses règles strictes et formalistes, les locations meublées présentent un régime plus souple, laissant davantage de liberté aux parties. Elles restent toutefois encadrées par une réglementation d'ordre public s'imposant aux parties en présence.

1 Les meubles indispensables

Pour être normalement meublé, le logement doit être pourvu de meubles permettant au locataire d'y vivre convenablement, en y apportant que ses effets personnels. Il est garni de meubles de rangement, literie – matelas, table et chaises, ustensiles, vaisselles, etc.

Ces meubles doivent être en nombre suffisant pour permettre ***la vie courante du locataire***. Les tribunaux, saisis de nombreux litiges, ont évolué dans leur position en exigeant que soient mis à la disposition du locataire des éléments essentiels, en état de marche, tels que réfrigérateur, plaque chauffante ou gazinière.

Ainsi la kitchenette ou coin cuisine, est reconnue indispensable pour qualifier la location de location meublée et permettre ainsi au locataire de jouir normalement des lieux.

À défaut de contenir ces éléments indispensables, la location pourrait être requalifiée par un juge en location nue soumise à la loi Mermaz du 6 juillet 1989 avec toutes les conséquences juridiques qui en découleraient.

La liste des meubles mis à la disposition du locataire est définie dans un inventaire joint au bail et dans lequel sont précisés également les éléments d'équipement et leur état de fonctionnement.

Indépendamment des obligations en matière de meubles garnissant les lieux, le propriétaire doit délivrer au locataire un ***logement décent***, ne présentant aucun risque tant pour la santé que la sécurité des occupants (tout comme dans une location nue : loi SRU).

Si le logement ne satisfait pas aux conditions de décence, le locataire peut demander au propriétaire, à tout moment, sa mise en conformité sans remettre en cause la validité du bail en cours.

2 La réglementation du bail

La loi de Cohésion Sociale du 18 janvier 2005 dans son article 115 réglemente les locations meublées.

■ *La résidence principale du locataire*

Le logement meublé est occupé par le locataire ***à titre de résidence principale***. Il est vrai que ce type de location est souvent le fait de personnes en situation provisoire comme des personnes en mutation, divorcées, jeunes couples ou étudiants, etc.

La jurisprudence a donc défini des critères de qualification dont les principaux sont la durée effective d'occupation du logement, le lieu d'exercice de la profession, le lieu de paiement des impôts, etc.

■ *Le contrat de location*

a) La forme du bail

Toute personne qui loue un logement meublé doit bénéficier d'un ***contrat écrit***. Il est toujours recommandé, quel que soit le type de contrat de location (meublé ou non), de concrétiser l'accord des parties dans une convention écrite. En cas de litige, les relations bailleur-locataire sont alors plus faciles à prouver, car définies dans le bail.

b) La durée du bail

Le bail a une durée d'***un an***. À l'issue de cette période, si aucune des parties ne s'est manifestée, ***le bail se reconduit tacitement*** pour la même période et aux mêmes conditions.

Le bailleur peut toutefois décider de modifier les conditions du bail comme le montant du loyer par exemple à condition d'en informer le locataire par lettre recommandée avec accusé de réception ou acte d'huissier ***trois mois*** avant la date d'échéance du bail (préavis de trois mois).

En cas de refus du locataire, le bail cesse alors à son échéance mais s'il accepte les nouvelles conditions, le contrat est renouvelé pour un an.

c) Les congés

À l'issue du bail d'un an, le bailleur peut donner congé à son locataire en respectant un préavis de trois mois. Il le fait notamment par lettre recommandée avec accusé de réception ou acte d'huissier sachant que le préavis commence à courir à compter de la réception du courrier recommandé par le locataire. Mais le bailleur est tenu, contrairement à son locataire, de motiver son congé et ***les motifs sont au nombre de trois*** :

- reprise du logement pour occupation personnelle ou familiale ;
- reprise du logement pour vente auquel cas le locataire ne dispose pas d'un droit de préemption pour acheter le logement (contrairement aux locations nues soumises à la loi Mermaz du 6 juillet 1989) ;
- reprise du logement pour motifs légitimes et sérieux c'est-à-dire l'inexécution par le locataire de ses obligations (défaut de paiement des loyers, troubles de voisinage, manque d'entretien du logement, etc.).

Le locataire, quant à lui, peut donner congé à son propriétaire à tout moment (même avant l'expiration du délai d'un an) à condition de respecter ***un préavis d'un mois***. Aucun motif particulier n'est imposé.

Il lui est recommandé d'adresser le courrier par lettre recommandée avec accusé de réception ou acte d'huissier.

■ *Le loyer, les charges et le dépôt de garantie*

a) Le loyer

Le loyer peut faire l'objet d'une révision ou d'une augmentation :

- ***le loyer initial*** : il est fixé librement par le bailleur généralement selon les loyers pratiqués dans le voisinage pour des logements comparables ;
- ***le loyer révisé*** : il peut être révisé une fois par an à la date anniversaire du bail ou une date convenue si une clause du bail le prévoit expressément. Depuis la loi DALO du 5 mars 2007 (art. 41), l'augmentation résultant de la clause de révision figurant dans le bail ne peut être supérieure à la variation de l'IRL (Indice de Référence des Loyers) ;

– *le loyer augmenté* : il peut être augmenté par le bailleur librement au moment du renouvellement du bail à condition d'en informer son locataire par lettre recommandée avec accusé de réception ou acte d'huissier en respectant un préavis de trois mois.

b) Les charges

Les charges peuvent être fixées ***forfaitairement*** (interdit dans les locations nues soumises à la loi Mermaz) et le forfait est réajusté chaque année en fonction des dépenses de l'année précédente.

Elles peuvent aussi être fixées en fonction des dépenses réellement engagées sur présentation de factures ou autres justificatifs. La réglementation est libre, l'essentiel étant de définir les règles dans le contrat de location.

c) Le dépôt de garantie

Le dépôt de garantie, contrairement aux logements loués vides, est libre. Il peut être d'un mois, deux mois de loyers voire davantage. Il ne faut pas oublier que les locaux sont loués meublés. Les meubles devant être restitués dans le même état qu'au moment de la signature du bail, hormis une usure normale, le bailleur peut réclamer un dépôt de garantie supérieur à un mois de loyer afin de couvrir d'éventuelles dégradations ou disparitions. Le dépôt de garantie est restitué selon les règles définies librement dans le contrat de location.

3 Les documents annexes

Certaines annexes peuvent ou doivent être jointes au bail.

■ *L'état des lieux*

Fortement conseillé, l'état des lieux écrit est établi entre les parties et constate l'état du logement à l'entrée dans les lieux et à la sortie. Il peut être réalisé par un professionnel auquel cas, il convient de définir qui supporte le coût de son intervention. Ce document permet de décrire non seulement le logement mais les éléments d'équipement et leur état de fonctionnement : réfrigérateur, climatisation, sanitaires, gazinière ou plaque chauffante, etc.

Si des dégradations ont été commises par le locataire, le propriétaire retient le montant des réparations sur le dépôt de garantie.

Il est important de noter qu'en l'absence d'état des lieux, le locataire est présumé avoir reçu le logement en bon état sauf si le locataire apporte la preuve contraire, ce qui peut s'avérer très difficile.

L'inventaire des meubles

L'inventaire détaillé des meubles dans un document écrit, aussi bien à l'entrée dans les lieux qu'à la sortie, est très important. À l'entrée, il permet au bailleur de prouver que les meubles lui appartiennent et au locataire de prouver l'état des meubles et éléments d'équipement et leur bon fonctionnement ou non.

C'est également une garantie à la sortie dans l'hypothèse d'un litige sur l'un des éléments en question. En effet, en comparant l'inventaire à l'arrivée et au départ du locataire, le bailleur peut réclamer à ce dernier la réparation des meubles détériorés pendant sa location. À l'inverse, si les meubles sont dans le même état qu'à l'entrée dans les lieux hormis une usure normale, le bailleur ne pourra rien exiger de son locataire.

Les diagnostics

Le dossier de diagnostic technique, joint au bail, contient trois diagnostics obligatoires :

- le DPE : le diagnostic de performance énergétique (depuis le 1er juillet 2007) ;
- le CREP : le constat de risque d'exposition au plomb (depuis le 12 août 2008) si le logement est situé dans un immeuble construit avant le 1er janvier 1949 ;
- l'ERNT : l'état des risques naturels et technologiques, dans les zones couvertes par un plan de prévention des risques technologiques ou naturels et dans les zones de sismicité

4 Le cas particulier du bail meublé étudiant

Attachés au domicile fiscal de leurs parents, les étudiants louent souvent sur le lieu de leurs études et de surcroît durant une période de neuf mois correspondant à une année d'études (de septembre à juin). Le problème est de définir où se trouve leur résidence principale afin de déterminer le régime locatif à leur appliquer.

Les étudiants sont considérés comme ayant leur résidence principale à l'adresse de la location, même s'ils sont fiscalement rattachés à leurs parents. En vertu de l'article L. 632-1 du CCH, lorsque le bail est consenti à un étudiant, sa durée peut être fixée à ***neuf mois*** afin de correspondre à la période d'une année scolaire. Il dispose par conséquent d'un régime particulier par rapport aux règles définies pour les locations meublées traditionnelles.

À l'issue de cette période de neuf mois, le bail prend fin puisqu'***il ne se reconduit pas tacitement***. Le locataire étudiant quitte les lieux ou signe un nouveau bail avec le propriétaire.

Le propriétaire ne peut donner congé en cours de bail sauf à engager une action en résiliation de bail pour non-respect par le locataire de ses obligations.

Le locataire peut, quant à lui et à tout moment, adresser un congé à son propriétaire par lettre recommandée avec accusé de réception ou acte d'huissier avec un préavis d'un mois.

Les locations saisonnières

Chapitre 8

La location saisonnière est, selon l'article 1-1 de la loi Hoguet, une location meublée mais pour une période courte et non renouvelable ne pouvant excéder 90 jours consécutifs. Ces locations (vacanciers ou travailleurs saisonniers) ne sont pas soumises aux mêmes règles que les locations meublées. Tout en laissant une grande liberté aux parties dans la négociation de leur contrat, des règles strictes ont été instaurées pour informer le locataire avec précision de la nature du logement loué et de son environnement.

1 Le régime juridique

L'information préalable du locataire

Un arrêté du 16 mai 1967 fait obligation au loueur professionnel ou non professionnel de remettre au futur locataire ***un état descriptif*** conforme à un modèle sur lequel figurent :

- les coordonnées du propriétaire ou de l'agence ;
- un descriptif très complet des lieux loués (mobilier, éléments d'équipement, ascenseur, confort, etc.) et de son environnement (distances des commerces, proximité mer, nature du voisinage, etc.) ainsi que sa situation géographique ;
- le prix de la location et les modalités de paiement.

Le descriptif est remis ou adressé à l'éventuel locataire avant la signature du contrat ***sous peine de sanctions pénales*** de type contraventions de cinquième classe. La loi ne fait aucune différence entre le loueur professionnel et le loueur isolé agissant ponctuellement selon ses besoins. Ces renseignements sont obligatoires et le plus précis possible.

Le contrat de location

S'agissant du contrat de location, un échange de lettres peut tenir lieu de contrat même s'il est recommandé de signer un véritable engagement de forme contractuelle. Le contrat est adressé (tout comme le descriptif) par courrier et précise tous les éléments de la location à savoir :

- le prix de la location qui est défini librement. Il peut prendre en compte le degré de confort du logement, sa localisation, les prestations particulières (piscine privative), la saison (touristique ou non) ;
- le dépôt de garantie ;
- la durée de la location ;
- les charges qui peuvent être facturées selon la consommation effective ou fixées forfaitairement ;
- l'assurance locative si elle est exigée.

Toutes ces dispositions sont librement négociées entre les parties.

Les versements à titre de réservation

Si le loueur est un intermédiaire professionnel, le décret d'application de la loi Hoguet en date du 20 juillet 1972 précise que tout versement à titre de réservation ne peut excéder 25 % du prix de la location, ni être exigé plus de six mois avant l'entrée dans les lieux. Entre particuliers, le principe est celui de la liberté mais généralement, il est recommandé aux loueurs de ne pas réclamer plus du quart de la location à titre de réservation.

Le solde peut être demandé un mois avant la remise des clés.

Les termes utilisés pour qualifier ces sommes revêtent une grande importance. En effet, il convient de distinguer selon qu'elles sont qualifiées ***d'arrhes ou d'acomptes*** :

Les arrhes	Les sommes versées à titre d'arrhes n'engagent pas définitivement le locataire ni même le propriétaire. Elles peuvent être conservées par ce dernier si le locataire annule sa location. À l'inverse, si l'annulation est le fait du propriétaire, elles doivent être restituées au double au locataire (art. 1590, C. civ.).

Les acomptes	Les sommes versées à titre d'acomptes engagent définitivement le propriétaire et le locataire. Si le locataire annule sa location, il peut être tenu de verser la totalité des loyers du séjour (sauf cas de force majeure). Si l'annulation provient du propriétaire, le locataire peut obtenir en justice une indemnisation pour le préjudice moral (vacances gâchées) et/ou financier sans compter la restitution des sommes versées.

Sauf stipulation contraire du contrat, les sommes versées à titre d'avances sont considérées comme des arrhes (art. L. 114-1-4, C. consom.).

2 L'état des lieux

L'état des lieux revêt une grande importance tant à l'entrée dans les lieux qu'à la sortie. Il permet de prévenir tout litige et d'établir les responsabilités de chacun quant à l'état du logement restitué en fin de location.

Si des dégradations sont le fait du locataire ou si des meubles ou autres éléments ont été détériorés (hormis une usure normale ou vices de construction), le bailleur retient les sommes correspondantes aux réparations sur le dépôt de garantie mais le locataire peut exiger les justificatifs des sommes retenues.

Il est également fortement conseillé de faire ***un inventaire détaillé des meubles, objets et ustensiles mis à la disposition du locataire***. Il est fréquent que le propriétaire remette au locataire un inventaire préétabli qu'il convient de vérifier ainsi que le fonctionnement des éléments d'équipements.

3 Les diagnostics

Les locations saisonnières sont considérées comme des établissements accueillant du public et c'est la raison pour laquelle le propriétaire ne doit pas oublier de joindre les diagnostics obligatoires :

– ***le Diagnostic de Performance Énergétique (DPE)*** : il est obligatoire uniquement si la durée d'utilisation du logement dépasse quatre mois par an ;
– ***l'État des Risques Naturels et Technologiques (ERNT)*** : il est obligatoire si le bien immobilier se trouve dans une des zones concernées par un plan de prévention des risques naturels ou technologiques. Si le bien loué a déjà fait l'objet d'un sinistre indemnisé suite à un arrêté de

reconnaissance de catastrophe naturelle ou technologique, le bailleur le signale au locataire par écrit ;

- ***le Diagnostic Technique Amiante (DTA)*** : il est à la disposition du locataire pour tous les logements bâtis dont les permis de construire sont antérieurs au 1er juillet 1997. Pour les locations saisonnières dans les immeubles collectifs, le DTA ne porte que sur les parties communes. Les parties privatives font l'objet d'un dossier technique regroupant les informations relatives à la recherche de flocages, calorifugeages et faux plafonds contenant de l'amiante, ainsi qu'à l'évaluation de leur état de conservation ;
- ***le Constat des Risques d'Exposition au Plomb (CREP)*** : il est obligatoire si l'immeuble a été construit avant le 1er janvier 1949.

4 Les litiges

La production de renseignements inexacts est sanctionnée notamment par l'article L. 121-1 du Code de la consommation au titre de la ***publicité mensongère***.

Les locations non conformes au descriptif constituent les cas les plus fréquents de litiges entre propriétaires et locataires : proximité mer non réelle, chantier très proche du logement, présence d'un aéroport ou ligne de chemin de fer à proximité et non signalé, etc.

Un locataire qui aurait été trompé sur les caractéristiques ou la qualité de la location, a la possibilité de porter plainte auprès du procureur de la République du tribunal de grande instance du lieu de situation de l'immeuble.

Il peut également saisir la DGCCRF (Direction Générale de la Concurrence, de la Consommation et de la Répression des Fraudes) qui joue un rôle direct auprès des consommateurs et de leurs associations en contrôlant et vérifiant les prestations fournies.

Les locations HLM

CHAPITRE
9

Qu'il s'agisse d'accession à la propriété ou de location, les logements sociaux ont toujours été soumis à des dispositions particulières puisqu'ils sont destinés à une population aux revenus généralement modestes et dont les intérêts doivent être particulièrement protégés. D'où une législation favorisant le maintien dans les lieux du locataire justifiant de ressources inférieures à un certain plafond.

1 Les conditions d'accès à un logement HLM

■ *Les conditions d'attribution*

a) Les personnes prioritaires

Pour obtenir l'attribution d'un logement HLM, le demandeur doit être français ou étranger admis à séjourner en France avec un titre de séjour de plus de 3 mois.

Toutefois sont définis des critères de priorité :

- les personnes de bonne foi menacées d'expulsion ou les personnes sans logement ;
- les personnes handicapées, les femmes enceintes, les chefs de famille monoparentale ou les jeunes à la recherche d'un premier logement, les familles nombreuses ;
- les personnes contraintes de déménager pour un nouvel emploi ;
- les personnes dont les ressources sont réduites brusquement.

b) Les plafonds de ressources

Le candidat à une location HLM doit avoir ***des ressources ne dépassant pas un plafond réglementé***. Les ressources à prendre en compte sont les revenus nets imposables de l'ensemble des personnes composant le ménage et perçus au cours de ***l'avant-dernière année précédant la signature du contrat de location.***

Sont considérées comme personnes vivant au foyer pour l'application de ces dispositifs :

– le ou les titulaires du bail ;
– les personnes figurant sur les avis d'imposition du ou des titulaires du bail ;
– le partenaire lié par un pacte civil de solidarité (PACS) au titulaire du bail ;
– le concubin notoire du titulaire du bail ;
– les personnes réputées à charge au sens fiscal.

■ La procédure d'attribution

Les demandes de logement sont présentées auprès des organismes HLM, des mairies ou des préfectures. Chacune de ces demandes doit faire l'objet d'un enregistrement départemental unique c'est-à-dire que le demandeur se voit octroyer obligatoirement ***un numéro d'enregistrement***. Une attestation est remise au candidat locataire mais la demande doit être renouvelée chaque année, sinon le candidat est radié des listes de demandeurs de logements sociaux.

Aucune attribution de logement ne peut être décidée, ni aucune candidature examinée par une commission d'attribution si la demande n'a pas fait l'objet d'un enregistrement et de la délivrance d'un numéro unique (loi MOLLE, 25 mars 2009).

Une commission d'attribution se réunit et décide de l'octroi d'un logement social en fonction de différents critères. Sont prises en compte notamment la composition du foyer, les ressources des demandeurs et les personnes prioritaires.

Lorsque la commission propose un logement au demandeur de logement social, ce dernier dispose d'un délai minimum de 10 jours pour l'accepter. Le défaut de réponse équivaut à un refus.

Toute décision de refus d'attribution est notifiée par écrit au demandeur dans un document qui précise les motifs du refus.

2 La loi DALO

La loi DALO (Droit Au Logement Opposable) du 5 mars 2007 a pour but d'***assurer un toit à toute personne en recherche d'un logement*** et surtout aux populations les plus fragiles (SDF, personnes menacées d'expulsion ou vivant dans un logement qui n'est pas décent ou suroccupé, etc.) et ***l'État se porte garant***.

Deux recours ont été mis en place pour une personne n'obtenant aucun logement :

Un recours amiable	Devant une ***commission de médiation*** : le demandeur dépose à la préfecture un dossier à destination d'une « commission de médiation » dans lequel il demande à être reconnu comme demandeur « prioritaire » de logement ou d'hébergement. Cette personne doit se voir proposer une solution dans un délai de 3 mois s'il habite dans un département peu peuplé, de 6 mois s'il vit dans un département plus peuplé, comptant une agglomération de 300 000 habitants.
Un recours contentieux	Devant le ***tribunal administratif*** : en cas de décision favorable non suivie de l'attribution d'un logement ou si le demandeur n'est pas relogé dans les délais légaux, il peut former un recours contentieux devant un tribunal administratif, dans les 4 mois suivant l'expiration des délais. Celui-ci statue en urgence dans les deux mois suivants. Il peut ordonner à l'État de reloger ou héberger le demandeur, en assortissant sa décision d'une astreinte pour chaque jour de retard.

3 Le contrat de location

■ *Les conditions de la location*

Les locations HLM sont soumises à un certain nombre de règles précises.

a) La forme et la durée du bail

Le bail est écrit et gratuit. Il n'existe pas de règles particulières concernant la durée du bail en HLM puisque les locataires bénéficient d'un droit au maintien dans les lieux. La durée du bail est donc indéterminée ou déterminée et reconductible tacitement.

b) Le dépôt de garantie

Il est demandé à l'entrée dans les lieux et il ne peut pas dépasser un mois de loyer si le loyer est payable d'avance ou 2 mois s'il est payable en fin de mois. Le bailleur social doit le restituer dans le délai de deux mois de la remise des clés.

c) L'état des lieux

Il est conseillé dans les mêmes conditions que pour une location régie par la loi du 6 juillet 1989. Un règlement d'immeuble, qui doit être respecté, complète souvent le contrat qui fixe les conditions de vie dans l'immeuble.

d) Le loyer

Le loyer des logements conventionnés qui concernent la plupart des logements HLM (convention avec l'Etat pour fixer un loyer maximum et permettant au locataire de percevoir de la CAF l'aide personnalisée au logement c'est-à-dire l'APL) est établi selon le système de la surface utile ou de la surface corrigée sous contrôle du préfet. La surface corrigée est déterminée en appliquant un coefficient correcteur à la superficie des pièces du logement (en fonction de ses caractéristiques techniques, de son état de vétusté, etc.). Elle est ensuite multipliée par un prix au m^2. La révision du loyer a lieu chaque année dans les conditions fixées par décret.

Si les ressources du locataire dépassent de 20 % le plafond de ressources, l'organisme HLM doit lui appliquer un surloyer ou supplément de loyer de solidarité (art. 71 de la loi ENL).

e) Les charges locatives

La liste des charges locatives est identique à celle fixée par le décret du 26 août 1987 (du secteur privé) mais résulte d'un décret du 9 novembre 1982 modifié par le décret du 26 décembre 1986.

Les charges locatives sont donc les mêmes que celles du secteur privé et limitativement énumérées. Elles doivent être justifiées et donnent lieu le plus souvent au versement de provisions faisant l'objet d'une régularisation annuelle.

■ *Les obligations des parties*

a) Les obligations du locataire

Le locataire est soumis à un certain nombre d'obligations :

- de ***payer le loyer et les charges*** : le paiement doit avoir lieu aux termes convenus ;
- d'***user de l'appartement en bon père de famille*** : le locataire doit user paisiblement du logement et le maintenir en bon état d'entretien et de réparations ;
- de ***souscrire une assurance risques locatifs*** : le logement doit être assuré et le locataire doit pouvoir le justifier à son bailleur social ;
- de ***résider au moins 8 mois par an dans le logement*** : le locataire HLM a l'obligation de résider à titre d'habitation principale au moins 8 mois par an dans le logement qui lui a été attribué sauf motifs professionnels ou légitimes ;
- ***l'interdiction d'occuper un logement trop grand pour ses besoins et ceux de sa famille*** : le principe est le suivant : pas plus de 2 pièces supplémentaires par rapport au nombre de personnes qui occupent le logement. En cas de sous-occupation, le bailleur propose au locataire un nouveau logement ;

– ***la possibilité pour le locataire HLM d'échanger son logement selon ses besoins*** : le locataire peut échanger son appartement si nécessaire mais, l'organisme HLM lui-même, peut imposer au locataire un échange avec un logement qui serait plus adapté à ses besoins et à la composition de la famille.

b) Les obligations du bailleur

Les obligations du bailleur social sont identiques aux obligations du bailleur privé et il doit notamment :

– fournir un logement décent ne présentant aucun risque tant pour la santé que la sécurité des occupants dont les critères sont définis dans le décret du 30 janvier 2002 ;
– réserver la jouissance paisible des lieux à son locataire ;
– faire procéder dans le logement et dans l'immeuble aux travaux de réparation autres que les réparations locatives à savoir les grosses réparations.

4 La fin du bail HLM

■ *Le congé du locataire*

En vertu du principe du ***droit au maintien dans les lieux***, le locataire peut rester dans les lieux indéfiniment tant qu'il n'a pas donné congé. En effet, le bailleur social ne peut lui demander de quitter son logement sauf cas particuliers.

S'il souhaite toutefois mettre fin à sa location, le locataire adresse un congé par lettre recommandée avec accusé de réception au bailleur social en respectant les règles définies dans l'article 15-I-2 de la loi Mermaz du 6 juillet 1989 c'est-à-dire les règles d'une location nue à titre d'habitation principale dans le secteur privé (voir le Chapitre 7, « La fin du bail ») À noter qu'un locataire peut invoquer un préavis d'un mois s'il quitte son logement HLM pour un autre logement HLM appartenant au même bailleur.

Si le locataire décède ou abandonne le domicile, le contrat se transmet dans les mêmes conditions que celles établies par la loi Mermaz du 6 juillet 1989 (voir le Chapitre 7, « Le transfert du bail »). Mais le bénéficiaire du transfert doit avoir ***des ressources inférieures au plafond exigé*** pour l'obtention d'un logement HLM et le logement doit correspondre à ses besoins.

■ *Le congé du bailleur*

Un organisme HLM ne peut donner congé à un locataire qui respecte les obligations de son contrat de location ***(droit au maintien dans les lieux) sauf si l'immeuble est destiné à être***

démoli. Dans ce cas précis, il adresse un congé à tous ses locataires en respectant ***un préavis de six mois et leur assure un relogement*** décent, si possible dans un environnement proche.

La loi MOLLE du 25 mars 2009 a introduit trois nouveaux cas de déchéance du droit au maintien dans les lieux :

– en cas de sous-occupation des lieux ;

– en cas de dépassement par le locataire du double des plafonds de ressources ;

– en cas de logement adapté au handicap et non occupé par une personne handicapée.

Hormis les cas sus-énoncés, le bailleur social ne peut donner congé à son locataire.

Si ce dernier ne respecte pas ses obligations et si la situation présente une certaine gravité, le bailleur HLM engage une procédure judiciaire pour obtenir satisfaction et le juge apprécie en fonction des éléments fournis.

Si le bail contient une clause résolutoire pour non-paiement du loyer et des charges ou troubles de voisinage par exemple, le bailleur engage une procédure judiciaire afin que le juge constate les manquements du locataire, prononce sa condamnation et ordonne l'expulsion.

Les locations en vertu de la loi du 1er septembre 1948

Chapitre
10

À l'issue de la Seconde Guerre mondiale, l'État a dû faire face à une grave crise du logement et à une flambée des loyers. Des mesures ont alors été prises par les autorités afin de réglementer la hausse des loyers et garantir aux locataires un droit au maintien dans les lieux. Ce fut l'objet de la loi du 1er septembre 1948 qui tend toutefois à disparaître en raison de l'ancienneté des locaux et diverses dispositions ayant pour but de faire sortir les parties du dispositif de cette loi.

1 Champ d'application de la loi

La loi du 1er septembre 1948 ***s'applique à des logements loués dans des immeubles construits avant cette date*** et principalement dans des communes de plus de 10 000 habitants.

Toutefois, la loi Méhaignerie du 23 décembre 1986 a prévu que les locaux loués depuis cette date ne seraient plus soumis aux dispositions de cette loi de 1948.

2 La réglementation des baux soumis à la loi de 1948

■ *Le droit au maintien dans les lieux*

Le bail écrit ou verbal, est à durée indéterminée en général et permet au locataire de bénéficier d'un droit au maintien dans les lieux. Si ce dernier respecte ses obligations, il peut se maintenir dans le logement sans limitation de durée même si le bailleur lui délivre un « congé de pure forme ». C'est un congé délivré au locataire pour mettre fin à son contrat de location et y substituer le droit au maintien dans les lieux. Ce congé délivré par huissier indique qu'il ne comporte pas l'obligation de quitter les lieux. Mais il sera possible d'opposer au locataire des cas de déchéance de droit au maintien dans les lieux.

Le principe de la transmission du bail aux héritiers en cas de décès du locataire ou d'abandon du domicile a été supprimé par la loi ENL du 13 juillet 2006 et dans ces deux hypothèses le bail est ***résilié de plein droit***. Il y a toutefois ***des exceptions***. Ainsi en cas de décès ou d'abandon du domicile, le bail est transmis :

- au conjoint ;
- au partenaire lié par un PACS ;
- aux enfants mineurs jusqu'à leur majorité ainsi qu'aux ascendants et aux personnes handicapées lorsqu'ils vivaient de façon effective avec le locataire depuis plus d'un an.

■ *La perte du droit au maintien dans les lieux*

a) Les différents cas de perte du droit au maintien dans les lieux

Le locataire perd son droit au maintien dans les lieux dans les cas suivants :

- si un jugement d'expulsion a été prononcé contre lui ;
- si le logement n'est pas effectivement occupé plus de 8 mois dans l'année ;
- si le logement n'est pas suffisamment occupé ;
- en cas d'expropriation, d'insalubrité des locaux ou de travaux les rendant inhabitables ;
- si le locataire dispose par ailleurs d'un logement correspondant à ses besoins.

b) Le droit de reprise du bailleur

Si le bailleur envisage de reprendre le logement loué, il peut, selon sa situation personnelle, être tenu de reloger son locataire (art. 18, loi 1948) :

Reprise avec offre de relogement	Le locataire peut aussi, et d'une certaine façon, perdre son droit au maintien dans les lieux si le bailleur exerce son droit de reprise. En effet, le propriétaire peut donner congé avec un préavis de trois mois à son locataire s'il entend reprendre le logement pour lui-même ou un membre de sa famille (conjoint, ascendants, descendants ou ceux de son conjoint) dans la mesure où il peut justifier l'occupation du logement. Il doit alors proposer un relogement à son locataire correspondant également aux besoins de ce dernier (tant matériels que financiers) et en bon état d'entretien. Le congé est notifié par acte d'huissier et le locataire peut contester dans le délai d'un mois et si besoin, engager une procédure judiciaire.

Reprise sans offre de relogement	Dans cette hypothèse, le bailleur reprend le logement pour une durée minimum de trois ans mais il doit justifier que cette reprise est une nécessité impérative pour lui ou sa famille. Le locataire n'étant pas relogé, peut se voir proposer le logement devenu vacant de son bailleur. Le congé est notifié par acte d'huissier mais le propriétaire doit respecter un préavis non pas de trois mois mais de six mois.

■ *Le loyer*

Le loyer est fixé réglementairement selon ***la méthode de la surface corrigée***. Il s'agit d'appliquer à la surface réelle du logement un coefficient correcteur qui dépend de la présence de certains éléments :

– le nombre et la qualité des éléments d'équipement ;

– l'état du logement et les normes de confort ;

– la situation et l'entretien de l'immeuble ;

– le degré d'ensoleillement ;

– l'exposition.

Selon ses caractéristiques, l'immeuble est classé dans une certaine catégorie : (II A, II B, II C ; III A, III B, III C ; IV) et la catégorie la plus élevée correspond à un immeuble disposant de peu d'éléments de confort et d'entretien.

Pour chacune de ces catégories est défini un prix au mètre carré assez bas par rapport au marché et le loyer est alors obtenu en multipliant la surface corrigée par le prix au mètre carré. Au 1er juillet de chaque année, un décret fixe le taux d'augmentation des loyers soumis à ce régime.

3 Les conditions de sortie de la loi de 1948

Si le locataire (et les occupants du logement) a ***des ressources supérieures à un plafond*** défini par décret, il peut se voir proposer par le bailleur une sortie progressive de la loi de 1948 par la signature d'***un contrat de 8 ans*** (pour les immeubles de catégorie II). À l'inverse le locataire qui dispose de revenus inférieurs au seuil fixé par décret, ne peut se voir imposer la signature d'un bail de sortie.

Lorsque les conditions sont remplies pour sortir de la loi de 1948, le logement doit satisfaire à des normes d'habitabilité et de confort. Le loyer est alors fixé par référence à ceux pratiqués dans le voisinage.

La demande est faite par le bailleur par LRAR ou acte d'huissier. Le locataire dispose d'un délai de deux mois pour notifier sa réponse lui aussi par LRAR. À défaut d'accord, la Commission départementale de conciliation peut être saisie et ensuite le juge du tribunal d'instance dans les 6 mois de la proposition de sortie.

Durant cette période de 8 ans, le bailleur ne peut résilier le bail du locataire qui remplit ses obligations.

À l'issue du bail de huit ans, ***le logement entre dans le champ d'application de la loi du 6 juillet 1989*** et échappe définitivement au régime de la loi du 1er septembre 1948.

Les locations commerciales

CHAPITRE 11

Le statut des baux commerciaux est très protecteur pour le locataire. En effet, la loi entend protéger un locataire qui exploite son activité dans des locaux qui ne lui appartiennent pas mais qui bénéficiera alors d'un véritable droit au maintien dans les lieux dans le but de pérenniser son entreprise.

1 Définition et champ d'application

Le bail commercial est un contrat de location qui permet à un locataire, propriétaire d'un fonds de commerce, d'exercer son activité commerciale dans des locaux dont est propriétaire son bailleur.

Les principes sont définis dans les articles L. 145.1 et suivants du Code de commerce. On parle de statut car certaines règles sont impératives et les parties ne peuvent y déroger même dans le bail. Cela concerne notamment la durée du bail, le plafonnement du loyer, les formes du congé.

L'exploitant, s'il est commerçant ou industriel, est immatriculé au registre du commerce et des sociétés (RCS) ou au répertoire des métiers s'il est artisan. L'activité exploitée dans le fonds est celle pour laquelle le locataire est immatriculé.

Le bail ne peut porter que sur un local dans lequel ***un fonds de commerce est effectivement exploité*** ce qui nécessite l'existence d'une clientèle et d'une gestion autonomes (franchises incluses). De surcroît, le local, objet du bail doit être ***un local clos et couvert***, excluant ainsi un terrain sans construction.

Toutefois la réglementation des baux commerciaux peut s'appliquer également aux locaux accessoires nécessaires à l'exploitation du fonds de commerce et notamment aux locaux à usage d'habitation.

L'article 43 de la loi de modernisation de l'économie du 4 août 2008 autorise les parties qui relèvent en principe des baux professionnels à se placer conventionnellement sous le régime des baux commerciaux. Cela signifie que des professions libérales (avocats, médecins, infirmiers, etc.) peuvent relever du régime des baux commerciaux si les parties (bailleur et locataire) le décident d'un commun accord et le mentionnent dans le contrat. L'intérêt est d'assurer à ces professions un régime plus protecteur que celui des baux professionnels auxquels ils sont en principe soumis.

2 Le régime des baux commerciaux

■ *La forme du bail*

a) Un bail écrit ou verbal

Bien que déconseillé, un bail commercial peut être verbal (mais absence de force probante). En effet, l'écrit n'est pas une condition de validité du contrat sauf si le bail est prévu pour une durée supérieure à douze ans ou s'il s'agit d'un débit de boisson, auquel cas, un acte authentique est obligatoire.

Afin de disposer de preuves et notamment dans le cadre d'un litige, il est recommandé de recourir à un bail écrit sous seing privé (entre les parties) ou notarié.

À peine de nullité, des époux communs en biens ne peuvent l'un sans l'autre (***accord des deux époux nécessaire***) donner à bail un immeuble à usage commercial, industriel ou artisanal.

Si l'immeuble fait d'objet d'un démembrement du droit de propriété, l'usufruitier bailleur ne peut, sans le concours du nu-propriétaire, louer un immeuble à usage commercial, industriel ou artisanal.

b) Les diagnostics

Trois diagnostics sont annexés au bail (ou mis à disposition pour certains) :

- *le Diagnostic technique amiante (DTA)* : il est à la disposition du locataire dans tous les immeubles dont le permis de construire a été délivré avant le 1er juillet 1997, qu'il s'agisse d'immeubles d'habitation ou d'immeubles à usage autre que l'habitation ;
- *le Diagnostic de performance énergétique (DPE)* : il est communiqué lors de la conclusion d'un bail commercial à titre d'information ;
- *l'État des risques naturels et technologiques (ERNT)* : il est joint également au bail commercial si le local est situé dans une zone couverte par un plan de prévention des risques naturels ou technologiques. Si le bien loué a déjà fait l'objet d'un sinistre indemnisé suite à un arrêté de catastrophe naturelle ou technologique, le bailleur informe le locataire par écrit.

La durée du bail

a) Un bail de neuf ans

En vertu de l'article L. 145-4 du Code de commerce, la durée d'un bail commercial ne peut être inférieure à neuf ans. À l'inverse, il n'est pas exclu que le bail puisse être conclu pour une durée supérieure.

À l'issue de cette période de neuf ans, le locataire peut donner congé à son bailleur tout comme il peut le faire à l'issue de ***chaque période triennale*** (c'est-à-dire tous les trois ans). Ce congé est adressé au propriétaire bailleur ***par acte d'huissier en respectant un préavis de six mois***.

Le bailleur peut également donner congé à l'issue d'une période triennale mais il ne peut le faire que pour des raisons précises :

- pour construire, reconstruire ou surélever l'immeuble existant ;
- pour exécuter des travaux dans le cadre d'une opération de restauration immobilière ;
- pour réaffecter le local d'habitation accessoire à cet usage ;
- pour démolir l'immeuble dans le cadre d'un projet de renouvellement urbain.

À défaut, le bailleur ne peut donner congé qu'***à l'issue du bail de neuf ans***, en respectant les formes et conditions imposées par la loi et notamment le versement d'une indemnité d'éviction à son locataire s'il refuse le renouvellement.

b) Le bail de courte durée ou bail dérogatoire

Les parties peuvent décider de ne pas se placer tout de suite sous le régime des baux commerciaux et le locataire peut souhaiter ne pas s'engager pour une longue période notamment s'il débute son activité.

L'article L. 145-5 du Code de commerce leur permet de conclure un bail écrit de courte durée appelé bail dérogatoire d'***une durée maximum de 24 mois***. Il peut s'agir d'un seul bail ou de plusieurs baux consécutifs, la durée totale de ces baux ne pouvant excéder 2 ans.

Le bail de courte durée ne permet toutefois pas au preneur locataire de pérenniser son activité ni même de fidéliser sa clientèle. C'est pourquoi plusieurs situations sont envisageables à l'issue de cette période de deux ans :

- le *locataire quitte les lieux* car le bail a pris fin et les parties retrouvent leur liberté (même s'il n'est pas obligatoire, il est préférable que bailleur ou locataire adresse un congé au préalable pour garantir la sortie du preneur) ;
- le *locataire reste dans les lieux sans opposition du bailleur* : il s'opère automatiquement un nouveau bail d'une durée de neuf ans soumis au statut des baux commerciaux
- le *locataire reste dans les lieux avec l'accord du bailleur* et signe un bail commercial de neuf ans.

■ *Le droit au renouvellement du bail*

Le droit au renouvellement du bail est l'une des caractéristiques du bail commercial puisque le locataire bénéficie d'***un droit au maintien dans les lieux*** s'il respecte les obligations de son contrat de location. On parle de « ***propriété commerciale*** ». Cela signifie qu'à l'issue du bail de neuf ans, plusieurs situations peuvent se présenter.

Le renouvellement du bail pour une durée indéterminée	Un bail commercial ne prend fin que par l'effet d'un congé car il n'y a pas de reconduction tacite. Si le locataire ou le bailleur ne se manifeste pas à l'issue du bail, celui-ci se poursuit non pas pour la même période de neuf ans mais pour une durée indéterminée. Si le bail se poursuit au-delà de 12 ans, le loyer n'est plus plafonné mais fixé d'après la valeur locative du local.
Le renouvellement du bail à l'initiative du bailleur	Le bailleur qui souhaite renouveler le bail de son locataire doit lui adresser un congé (pour mettre fin au bail) avec offre de renouvellement. Ce congé prend la forme d'un acte extrajudiciaire (huissier de justice) signifié au locataire au moins six mois avant l'expiration du bail de neuf ans. Le locataire peut adopter les positions suivantes : – il garde le silence qui vaut alors acceptation ; – il accepte expressément le renouvellement et le montant du loyer. Néanmoins, il peut contester en justice, dans le délai de 2 ans, le congé qui lui a été délivré (ex. : pour vices de formes) ; – il accepte le renouvellement mais conteste le montant du loyer : le litige est alors soumis à une commission départementale de conciliation et, si nécessaire, au président du tribunal de grande instance compétent.

Le renouvellement du bail à l'initiative du locataire	Si le bailleur n'a pas pris l'initiative d'une offre de renouvellement, le locataire peut lui adresser une demande de renouvellement au minimum 6 mois avant l'expiration du bail, soit le cas échéant, à tout moment au cours de sa reconduction. La demande lui est notifiée par acte extra judiciaire c'est-à-dire par acte d'huissier de justice. Le bailleur dispose alors d'un délai de trois mois pour répondre à cette demande et la réponse est notifiée au locataire par acte extrajudiciaire. Il peut en profiter pour solliciter une hausse de loyer mais le locataire peut négocier ou contester le montant proposé (auquel cas une procédure judiciaire est nécessaire). L'acceptation du principe du renouvellement du bail n'interdit pas au bailleur de rétracter son acceptation en offrant de payer une indemnité d'éviction : c'est le droit d'option du bailleur. Dans l'hypothèse d'un refus de renouvellement, le bailleur précise les motifs. En effet, le locataire a 2 ans pour saisir le tribunal pour contester ce refus ou demander une indemnité d'éviction. À défaut d'avoir fait connaître ses intentions dans le délai de trois mois, le bailleur est réputé avoir accepté le principe du renouvellement du bail précédent.

Le tribunal de grande instance est compétent en matière de baux commerciaux. Toutefois le président de ce tribunal ou le juge délégué comme le juge des loyers commerciaux connaît des contestations relatives à la fixation du prix du loyer révisé ou renouvelé.

■ *Le refus de renouvellement du bail*

a) Avec indemnité d'éviction

Le bailleur est en droit de refuser le renouvellement du bail à son locataire. Dans cette hypothèse, il doit alors lui adresser un congé avec refus de renouvellement par acte d'huissier six mois avant le terme du bail.

Ce refus s'accompagne du versement (sauf exceptions) d'***une indemnité d'éviction*** en raison du préjudice que subit le locataire qui est confronté à la nécessité de trouver un nouveau local et d'y transférer son activité avec toutes les conséquences financières et psychologiques d'un tel changement.

En vertu de l'article L. 145-14 du Code de commerce, la somme que doit verser le bailleur peut être très importante puisqu'elle comprend notamment la valeur marchande du fonds de commerce exploité dans les lieux et les frais annexes de déménagement, réinstallation et droits de mutation.

C'est la raison pour laquelle, face à une indemnité d'éviction judiciaire trop importante pour lui, le bailleur peut revenir sur sa décision. On appelle cela un ***droit de repentir*** qui doit s'exercer dans le délai de 15 jours à compter de la décision judiciaire fixant l'indemnité d'éviction (art. L. 145-58, C. com.).

Ainsi, un propriétaire qui a refusé le renouvellement en offrant une indemnité d'éviction, a le droit de revenir sur sa décision en offrant le renouvellement du bail dans ce délai de 15 jours. Ce droit de repentir n'est possible que si le locataire est encore dans les lieux et n'a pas loué ou acheté un autre local pour une nouvelle installation.

Le locataire n'est pas obligé de quitter les lieux avant le paiement complet de l'indemnité d'éviction. Mais lorsque le bailleur a procédé à son versement, il doit quitter les lieux au plus tard à l'expiration d'un délai de 15 jours à compter du versement de la somme.

b) Sans indemnité d'éviction

Le bailleur peut refuser le renouvellement du bail ***sans avoir à verser d'indemnité d'éviction dans les cas suivants*** :

- en cas de ***motifs graves et légitimes*** : si le locataire ne respecte pas les obligations du bail (inexécution de réparations à sa charge, non-paiement des loyers, etc.) ;
- en cas ***de démolition totale ou partielle de l'immeuble pour insalubrité*** (reconnue par l'autorité administrative) ou s'il y a danger à l'occuper en raison de son état ;
- en cas ***de non-exploitation effective du fonds*** les trois années précédant la date d'expiration du bail ou de sa reconduction malgré une mise en demeure du bailleur par acte extrajudiciaire ;
- en cas ***de reprise par le bailleur mais uniquement des locaux d'habitation accessoires*** aux locaux commerciaux pour y habiter lui ou sa famille (si impossibilité pour eux de se loger autrement).

■ *Le loyer*

a) Le loyer initial

Il est fixé librement par le bailleur et est, en principe, basé sur la valeur locative des locaux laquelle dépend de multiples éléments comme les prix pratiqués dans le voisinage, la destination des lieux, les caractéristiques du local, les facteurs locaux de commercialité c'est-à-dire l'environnement du local (présence du tram, rue piétonne, zone touristique, etc.).

b) Le loyer révisé

Deux types de révision sont possibles :

- *la révision légale* : en vertu des articles L. 145-37 et suivants du Code de commerce, le loyer est révisé à l'issue de chaque période triennale et doit correspondre à la valeur locative des locaux. Un délai de trois ans doit s'être écoulé depuis :
  - soit la date de signature du bail d'origine,
  - soit la date du bail renouvelé,
  - soit la date de prise d'effet de la précédente révision. L'indice de révision est l'indice trimestriel du coût de la construction (ICC) ou, s'il est applicable selon la volonté des parties, l'indice trimestriel des loyers commerciaux (ILC : nouvel indice depuis la loi de modernisation de l'économie du 4 août 2008), calculé trimestriellement par l'INSEE. La demande en révision est adressée par le bailleur au locataire soit par acte d'huissier soit par lettre recommandée AR ;
- *la révision conventionnelle* : en vertu de l'article L. 145-39 du Code de commerce, la révision conventionnelle du loyer est le système de révision du loyer prévu par les parties dans leur contrat de bail. Bailleur et locataire décident de réviser le loyer régulièrement et automatiquement (généralement annuellement) en vertu d'un indice de révision en rapport avec l'activité de l'une des parties ou l'objet du contrat : on parle de clause d'échelle mobile À la différence de la révision légale, la révision conventionnelle s'applique sans que le bailleur ou le locataire ait à former une demande.

Le propriétaire est en droit de demander le déplafonnement du loyer à la valeur locative dans deux hypothèses :

- en cas de modification matérielle des facteurs locaux de commercialité (rue piétonne, nouvelles lignes de transports en commun, réhabilitation centre-ville, etc.) ayant entraîné une variation de plus de 10 % à la hausse ou à la baisse de la valeur locative ;
- en cas de déspécialisation du bail par le locataire (changement d'activités).

c) L'augmentation du loyer à l'issue du bail de neuf ans

Le loyer peut être augmenté mais doit correspondre à la valeur locative plafonnée à la variation de l'indice prévu dans le bail.

Toutefois, par exception, le plafonnement du loyer à l'issue du bail ne s'applique pas notamment :

- en cas de modification notable des caractéristiques du local, de la destination des lieux, des obligations respectives des parties ou des facteurs locaux de commercialité ;
- si le bail initial a été conclu pour une durée supérieure à neuf ans, ou si le bail, conclu pour neuf ans, s'est prolongé au-delà de douze ans.

La déspécialisation

La loi autorise le locataire à modifier l'activité prévue dans le bail soit partiellement, soit totalement.

a) La déspécialisation partielle

Elle permet au locataire, en vertu de l'article L. 145-47 du Code de commerce, d'adjoindre à l'activité d'origine spécifiée dans le bail, des activités connexes ou complémentaires ayant un lien étroit avec le commerce et permettant un développement de celui-ci. Est réputée non écrite toute clause interdisant dans le bail l'adjonction de telles activités.

Le locataire notifie sa demande au bailleur par acte extrajudiciaire et ce dernier ne peut refuser son autorisation (dans le délai de deux mois) sans motifs légitimes (si caractère non connexe ou complémentaire).

Cette déspécialisation partielle permet au bailleur de demander une augmentation de loyer non plafonnée lors de la révision triennale.

b) La déspécialisation plénière

Le locataire, dans cette hypothèse, demande au bailleur par acte extrajudiciaire l'autorisation d'exercer dans les lieux loués une ou plusieurs activités différentes de celles prévues dans le bail d'origine.

Cette modification doit être justifiée par « *la conjoncture économique et les nécessités de l'organisation rationnelle de la distribution* » (art. L. 145-48, C. com.) et compatibles avec la destination des lieux (notamment avec la destination spécifiée dans le règlement de copropriété d'un immeuble en copropriété).

En raison de l'importance de cette demande, le locataire la notifie également aux créanciers inscrits sur le fonds de commerce.

Dans les trois mois de la demande, le bailleur fait connaître son refus, son acceptation ou les conditions auxquelles il subordonne son accord. Son silence équivaut à une acceptation tacite.

En cas de litige, le tribunal de grande instance est compétent et peut autoriser la transformation du bail, sauf si le refus du bailleur est justifié par un motif grave et légitime.

Cette déspécialisation totale autorise le bailleur à demander au locataire des dommages-intérêts s'il peut justifier d'un préjudice en raison du changement d'activités ou une modification du loyer au moment de la transformation.

3 La charge des réparations

Si rien n'est spécifié dans le contrat de location, le bailleur est tenu en vertu de l'article 1719 du Code civil de délivrer le local en bon état d'entretien et de réparations et d'assurer au locataire une jouissance paisible des lieux.

Il faut alors distinguer entre les réparations locatives et de menu entretien à la charge du locataire hors les cas de vétusté ou force majeure (art. 1754 et 1755, C. civ.) et les grosses réparations à la charge du bailleur affectant la structure de l'immeuble (travaux de ravalement, toiture, etc.).

Ces règles ne sont toutefois pas d'ordre public et les parties peuvent y déroger notamment par ***une clause dans le bail prévoyant que le preneur supportera toutes les réparations de quelque nature que ce soit (hors travaux de réfection et de reconstruction totale), y compris les grosses réparations de l'article 606 du Code civil*** : « *Les grosses réparations sont celles des gros murs et des voûtes, le rétablissement des poutres et des couvertures entières. Celui des digues et des murs de soutènement et de clôture aussi en entier. Toutes les autres réparations sont d'entretien* ». En cas de doute, les clauses du bail doivent s'interpréter, selon la jurisprudence, en faveur du locataire (art. 1162, C. civ.).

Les locations professionnelles

CHAPITRE **12**

Il n'existe pas de législation spécifique à la réglementation des baux professionnels puisque bailleur et locataire définissent librement la plupart des règles de leur contrat (basées essentiellement sur les dispositions du Code civil). Mais cette liberté a un prix car les locataires ne bénéficient pas d'un statut protecteur contrairement aux locations commerciales.

1 Définition et champ d'application

Le bail professionnel est un contrat par lequel un propriétaire bailleur loue à son locataire un local où sera exploité ***une activité non commerciale*** (professions libérales ou assimilées, association, etc.) ou artisanale lorsqu'il n'existe pas de fonds artisanal.

Les locations de locaux à usage exclusivement professionnel sont régies par l'article 57A de la loi Méhaignerie du 23 décembre 1986 et par les articles 1713 et suivants du Code civil.

Le local est réservé à ***un usage exclusivement professionnel*** contrairement aux baux d'habitation mixte soumis à la loi Mermaz permettant un usage d'habitation et un usage professionnel.

Exemple

Professions libérales : médecins, chirurgiens, chirurgiens-dentistes, sages-femmes, pédicures, masseurs-kinésithérapeutes, vétérinaires, avocats, experts-comptables, acupuncteurs, architectes, artistes peintres, sculpteurs, etc.

Une association loi de 1901 peut signer pour ses locaux un bail professionnel.

La réglementation étant peu protectrice pour le locataire, l'article 43 de la loi de modernisation de l'économie de 2008 autorise les parties à se placer sous le régime des baux commerciaux bien plus protecteur.

Les locataires en professions libérales et assimilées peuvent, d'un commun accord avec leur bailleur, se soumettre au statut des baux commerciaux c'est-à-dire à un régime qui les protégera davantage que celui des baux professionnels. Un autre bail ne doit toutefois pas leur être imposé par un texte particulier.

Préalablement à la signature d'un bail professionnel, il est conseillé aux parties de vérifier les points suivants :

- outre l'exigence d'une activité non commerciale et l'accord du bailleur quant à la destination des lieux, il convient de vérifier auprès de la mairie de la commune où se situe le local, que celui-ci est bien affecté administrativement à l'exploitation d'une activité professionnelle :
  - si oui, l'autorisation est délivrée et remise à titre individuel et non transmissible,
  - à l'inverse, si le local loué était utilisé à un usage uniquement d'habitation, il faut obtenir une autorisation de transformation de la part du maire dans certaines communes ;
- si le local se situe dans une copropriété, le locataire ne doit pas oublier de vérifier le règlement de copropriété qui doit autoriser l'exercice d'une activité libérale dans l'immeuble. Ainsi, une clause d'habitation bourgeoise exclusive interdit une location professionnelle dans l'immeuble.

2 Les diagnostics

Un dossier de diagnostic technique (DDT) est joint au bail :

- ***le Diagnostic Technique Amiante (DTA)*** : il est à la disposition du locataire pour les immeubles dont le permis de construire a été délivré avant le 1er juillet 1997 ;
- ***le DPE (Diagnostic de Performance Énergétique)*** : il est obligatoire depuis le 1er juillet 2007. Ce document permet au locataire d'estimer les charges auxquelles il devra faire face en matière d'énergie (électricité, gaz, etc.). Si le bien loué se situe dans un immeuble en copropriété, il porte exclusivement sur les parties privatives du lot ;
- ***l'ERNT (L'État des Risques Naturels et Technologiques)*** : il doit dater de moins de six mois avant la date de signature du bail.

Si le bien loué a déjà fait l'objet d'un sinistre indemnisé suite à un arrêté de catastrophe naturelle ou technologique, le bailleur doit le signaler au locataire par écrit. À défaut de diagnostic ou d'information, le locataire peut demander une diminution du prix du loyer ou la résiliation du bail.

3 La réglementation du bail

L'article 57A de la loi Méhaignerie définit les quelques règles imposées aux parties, les autres clauses étant négociées librement. Elles concernent essentiellement la durée du bail, sa reconduction et les modalités de congé du bailleur et du locataire.

■ La durée du bail

Le bail est conclu par écrit pour une durée de ***six ans*** (minimum) et les baux de plus de 12 ans doivent être établis par acte authentique c'est-à-dire par un notaire.

Sans congé de part et d'autre, il se ***reconduit tacitement*** pour la même période.

■ La fin du bail

À l'issue du bail uniquement ou de son renouvellement, le bailleur peut donner congé à son locataire à condition de respecter un ***préavis de six mois***.

Le locataire, quant à lui, peut donner congé à tout moment en cours de bail sous réserve d'un ***préavis lui aussi de six mois.***

Le congé est adressé soit par lettre recommandée avec accusé de réception ou par acte d'huissier.

Dans l'hypothèse d'un congé du bailleur, on constate que le locataire n'est pas protégé comme il pourrait l'être dans le cadre d'un bail commercial où il aurait la possibilité (sous certaines conditions) de percevoir une indemnité d'éviction. C'est pourquoi le législateur a accepté que les parties puissent se soumettre volontairement au statut des baux commerciaux comme nous l'avons vu précédemment.

4 Les clauses librement négociées par les parties

Bailleur et locataire peuvent négocier librement certaines clauses :

Le loyer	Est fixé librement lors de la conclusion du bail selon généralement les prix pratiqués dans le voisinage pour des locations similaires.
La révision du loyer	Est définie selon un indice licite en lien avec l'activité ou l'objet du contrat. Ce peut être l'ICC (Indice du Coût de la Construction) mais il est possible d'insérer dans le bail un autre indice qui est l'ILAT (l'Indice des Loyers des Activités Tertiaires) créé par l'art. 63 de la loi du 17 mai 2011.
Le dépôt de garantie	Est libre mais dans l'hypothèse d'une procédure judiciaire, les tribunaux tendent à le limiter à deux mois de loyers hors charges.

Les charges	Il n'est pas interdit de se référer aux charges définies par le décret du 26 août 1987 dans le cadre d'un bail Mermaz à usage d'habitation ou à usage mixte.
Les réparations	Tout comme précédemment, il est possible de se référer au décret correspondant du 26 août 1987 sur les réparations (ne pas confondre avec le décret de la même date sur les charges locatives).
La cession ou la sous-location du bail	Des conditions particulières peuvent être imposées comme l'accord du bailleur ou un acte authentique, ou l'interdiction de céder ou sous-louer. Des conditions peuvent aussi être spécifiées si le locataire envisage une association.

En vertu d'un décret du 29 décembre 2009, en plus du contentieux des baux commerciaux, le tribunal de grande instance est compétent pour tous les litiges portant sur les baux professionnels.

PARTIE 4

La copropriété

Chapitre 13	L'organisation de la copropriété	129
Chapitre 14	L'assemblée générale	143
Chapitre 15	Les travaux et charges de copropriété	149
Chapitre 16	La vente d'un lot en copropriété	157
Chapitre 17	L'association syndicale libre (ASL)	161

L'organisation de la copropriété

CHAPITRE
13

C'est la loi du 10 juillet 1965 (décret d'application du 17 mars 1967) qui définit le statut de la copropriété des immeubles bâtis. Dès lors qu'un immeuble est divisé au minimum en deux lots appartenant à deux propriétaires différents avec une division de ces lots en parties privatives et parties communes, le statut de la copropriété et ses règles correspondantes doivent obligatoirement s'appliquer.

Des organes de fonctionnement sont mis en place afin de gérer les parties communes de l'immeuble avec la participation de tous les copropriétaires.

1 Les parties privatives et les parties communes

Les droits de chaque copropriétaire portent de manière indissoluble sur les parties privatives et sur les parties communes de l'immeuble, l'ensemble de ces droits constituant un lot de copropriété.

■ Les parties privatives

L'article 2 de la loi du 10 juillet 1965 dispose : « *Sont privatives les parties des bâtiments et des terrains réservés à l'**usage exclusif d'un copropriétaire déterminé*** ». Chaque lot comprend une partie privative et une quote-part des parties communes.

Sont des parties privatives :
- l'intérieur des appartements ;
- les locaux professionnels ;
- les parquets, carrelages et revêtements de sol superficiels ;
- les cloisons intérieures qui ne font pas partie du gros œuvre ;
- les équipements intérieurs de chaque appartement (appareils sanitaires, chauffage individuel, etc.) ;

- les caves, greniers ;
- les balcons peuvent avoir des régimes différents selon les règlements de copropriété : le gros œuvre, les balustrades et les revêtements peuvent être définis comme parties communes ou privatives ;
- les emplacements de garage, etc.

Les propriétaires ***utilisent et disposent librement de leurs parties privatives***. Ils doivent toutefois ***respecter les droits des autres copropriétaires*** et ne pas porter atteinte à la destination de l'immeuble.

Ainsi, dans un immeuble à destination bourgeoise exclusive, aucun commerce ni aucune profession libérale ne sont autorisés. Ne sont acceptés que les locaux destinés à un usage d'habitation.

L'entretien et les réparations de ces parties privatives sont à la charge du copropriétaire du lot.

■ *Les parties communes*

Les parties communes ***sont indivises entre tous les copropriétaires*** (ou certains d'entre eux). Ils peuvent en user librement mais en aucun cas en disposer comme ils l'entendent. Sont des parties communes le sol, les voies d'accès, le gros œuvre, les cours, les parcs et jardins, les éléments d'équipement commun, y compris les parties de canalisations traversant les locaux privatifs, les couloirs, corridors, les locaux de service communs et les locaux affectés au gardiennage, etc.

Les décisions affectant des parties communes sont prises au cours d'assemblées générales de copropriétaires sur la base d'un vote selon des majorités définies par la loi du 10 juillet 1965.

L'article 3 de cette loi fixe une présomption de parties communes concernant certains éléments dans la mesure où le règlement de copropriété (document définissant et régissant l'immeuble en copropriété) ne les définit pas différemment.

En effet, des parties réputées communes peuvent être désignées comme privatives dans un lot par le règlement de copropriété. Il est donc très important de s'y référer avant d'engager un processus de décision. Tout propriétaire d'une partie privative est donc en même temps propriétaire indivis d'une fraction de parties communes et inversement nul ne peut être propriétaire d'une partie commune s'il n'est pas propriétaire d'une partie privative.

2 Les organes de fonctionnement de la copropriété

■ *Le syndicat des copropriétaires*

a) Définition

Dès qu'un immeuble est divisé en deux lots ou plus et répond aux conditions de la copropriété (plusieurs propriétaires et division des lots en parties communes et parties privatives), le syndicat des copropriétaires naît. Il s'agit de l'ensemble de tous les copropriétaires sans exception. Ainsi une personne qui achète un lot en copropriété devient copropriétaire et adhère automatiquement au syndicat des copropriétaires.

Il peut toutefois exister des syndicats optant pour un régime particulier :

- ***le syndicat secondaire*** : dans les grosses copropriétés, lorsque l'immeuble comporte plusieurs bâtiments, un syndicat secondaire peut assurer la gestion, l'entretien et la conservation de l'un des bâtiments ;
- ***le syndicat coopératif*** : si le règlement de copropriété prévoit ce type de gestion, c'est le conseil syndical qui choisit parmi ses membres et donc parmi les copropriétaires, son président pour assumer la fonction de syndic. Le syndicat coopératif est donc un syndicat qui « s'auto-gère », ce qui exclut l'intervention d'un syndic professionnel. La gestion est personnalisée car réalisée par les copropriétaires eux-mêmes ;
- ***les unions de syndicat*** : les syndicats de copropriétaires peuvent constituer entre eux des unions pour créer et gérer des prestations destinées à faciliter la gestion et l'entretien de copropriétés.

En vertu de l'article 14 de la loi du 10 juillet 1965, le syndicat est doté de la personnalité juridique. Il s'agit donc d'une personne juridique distincte de celle de ses membres.

À ce titre, il peut agir en justice ou être poursuivi, conclure des contrats, acquérir des biens mobiliers ou immobiliers dans la limite de son objet, vendre des parties communes.

Le syndicat des copropriétaires possède également ***un patrimoine*** composé des provisions et charges des copropriétaires ou créances envers eux et des dettes éventuelles envers les tiers comme les fournisseurs ou entreprises dans le cadre de travaux.

b) Le rôle du syndicat

L'implication du syndicat dans la vie de la copropriété est très importante notamment dans le cadre des tâches suivantes :

- ***la conservation de l'immeuble et l'administration des parties communes*** : en vertu de l'article 14 de la loi du 10 juillet 1965, le syndicat des copropriétaires assure la conservation de

l'immeuble et l'administration des parties communes. Il s'agit de l'entretien courant et des travaux à effectuer dans le but de maintenir l'immeuble en bon état. À ce titre, des décisions sont prises en assemblée générale mais un refus injustifié du syndicat d'assumer ces tâches d'entretien ou des travaux indispensables engage sa responsabilité. En effet, si la carence du syndicat porte préjudice à un ou plusieurs copropriétaires ou à des tiers, il peut être poursuivi en justice.
Le syndicat est de plein droit responsable des dommages causés aux copropriétaires ou aux tiers (locataires, personnes extérieures à la copropriété, etc.) par un vice de construction ou un défaut d'entretien. Nombreux sont les cas de jurisprudence où la responsabilité civile d'un syndicat a été retenue pour n'avoir pas exécuté ses obligations dans le cadre notamment de travaux indispensables à la conservation de l'immeuble ;

- ***l'établissement, la modification et le respect du règlement de copropriété*** : le règlement de copropriété peut être établi par le promoteur immobilier dans le cadre d'un immeuble à construire mais, à défaut, il peut aussi être créé par le syndicat des copropriétaires. Dès lors que ce document existe, il ne peut plus être modifié que par un vote en AG. Le syndicat veille à la bonne application et au respect du règlement de copropriété par tous les copropriétaires ;
- ***l'engagement du personnel*** : le syndicat engage le personnel notamment celui chargé de la surveillance et de l'entretien de l'immeuble dont il est l'employeur même si cette tâche est assurée par le syndic qui est le mandataire du syndicat ;
- ***la souscription des contrats d'assurance*** : assurer l'immeuble fait partie de ses obligations qui peuvent engager sa responsabilité ;
- ***la nomination et la révocation du syndic et des membres du conseil syndical*** : les copropriétaires, en assemblée générale, élisent le syndic pour une durée déterminée (maximum trois ans) et approuvent son mandat. Ils peuvent le révoquer en cas de faute grave. Il en est de même pour les membres du conseil syndical ;
- ***les actions en justice*** : le syndicat des copropriétaires a la personnalité juridique et peut agir en justice, en qualité de demandeur ou défendeur, contre un ou plusieurs copropriétaires, le syndic ou des tiers à la copropriété.

C'est en réalité le syndic qui exécutera la plupart des tâches du syndicat. En effet, le syndic est le mandataire du syndicat et c'est le rôle du syndic que d'exécuter les décisions prises en assemblée générale par le syndicat des copropriétaires.

■ *Le conseil syndical*

Dans une copropriété, l'assemblée générale des copropriétaires a l'obligation d'élire un conseil syndical chargé notamment d'assister le syndic dans sa gestion et de faire le lien entre lui et les copropriétaires.

Toutefois l'article 21 de la loi du 10 juillet 1965 autorise le syndicat des copropriétaires, par un vote en assemblée générale, à renoncer à un conseil syndical (souvent dans les petites copropriétés).

a) La composition du conseil syndical

Il est composé de copropriétaires élus en assemblée générale à la ***majorité absolue des voix de tous les copropriétaires*** (art. 25, loi 1965).

Peuvent être élus conseillers syndicaux	– les copropriétaires – les conjoints des copropriétaires – leurs partenaires Pacsés – leurs représentants légaux – les usufruitiers
Ne peuvent être élus conseillers syndicaux	– le syndic – son conjoint – son partenaire Pacsé – ses ascendants et descendants (parents, grands-parents etc., enfants, petits enfants etc.) – ses préposés (employés)

b) La durée du mandat

Elle ***ne peut excéder trois ans*** mais le syndicat peut être réélu à l'issue de cette période. Une durée plus courte est envisageable dans le règlement de copropriété ou lors d'un vote en assemblée générale.

Un ou plusieurs membres peuvent être révoqués à tout moment par l'assemblée générale si leurs actions ont porté préjudice à la copropriété tout comme ils peuvent démissionner en cours de mandat.

c) Le fonctionnement du conseil syndical

Un ***règlement interne*** détermine les règles de fonctionnement du conseil syndical et notamment :

- les modalités de réunion ;
- les modalités de vote à l'intérieur du conseil ;
- la conservation des archives, etc.

Ce règlement est défini dans le règlement de copropriété ou approuvé par un vote en assemblée générale.

Le ***Président du conseil syndical*** :
- n'est pas élu par les copropriétaires mais par les membres du conseil syndical ;
- peut être révoqué par eux ;
- joue le rôle de coordinateur tout en laissant chacun des conseillers jouer pleinement son rôle.

Contrairement au syndicat des copropriétaires, le ***conseil syndical n'a pas la personnalité juridique*** et n'a donc aucun pouvoir de décision, ni la capacité d'engager une action en justice ou d'être assigné.

Seuls les membres individuellement peuvent engager une procédure ou être poursuivis. Dans le cadre de leur fonction, les conseillers syndicaux engagent leur responsabilité en cas de faute grave et ils sont alors poursuivis à titre personnel.

Les conseillers syndicaux ne sont pas rémunérés mais les dépenses de fonctionnement sont prises en charge par le syndicat dans le cadre de l'administration de la copropriété et payées par le syndic.

d) Le rôle du conseil syndical

Il fait la liaison entre les copropriétaires et le syndic et, à ce titre, son rôle d'information et d'alerte est très important notamment dans les grosses copropriétés. Il avertit les copropriétaires de tous les manquements ou irrégularités commis par le syndic dont la responsabilité peut être engagée dans le cadre de son mandat.

Il donne son avis au syndic ou à l'assemblée générale sur des questions concernant la copropriété (s'il est consulté ou de sa propre initiative).

Il est obligatoirement consulté par le syndic pour certains contrats et marchés de travaux lorsqu'ils excèdent un montant fixé par l'assemblée générale. Il en est de même dans l'hypothèse où le syndic doit faire exécuter des travaux urgents.

Il peut se voir confier des missions précises par l'assemblée générale des copropriétaires : lorsque de gros travaux sont envisagés par exemple.

Il vérifie l'élaboration du budget prévisionnel et la répartition des dépenses.

Il participe à l'établissement de l'ordre du jour de l'assemblée générale en collaboration avec le syndic.

Il lui est remis par l'ancien syndic un bordereau récapitulatif des archives de la copropriété c'est-à-dire un bordereau de toutes les pièces (procès-verbal d'assemblée général, marchés de travaux, carnet entretien, etc.) remises au nouveau syndic (si changement de syndic) et en assure la conservation.

Il assiste le syndic, contrôle sa gestion et contrôle la comptabilité du syndicat. Dans ce cadre, le conseil syndical examine tous les documents comptables relatifs à la gestion et l'administration de la copropriété et notamment les pièces justificatives de charges.

Le conseil syndical ***présente le détail de ses activités dans un rapport, chaque année, devant l'assemblée générale*** (art. 22, décret 17 mars 1967 – décret d'application de la loi du 10 juillet 1965).

■ *Le syndic*

Le syndic a pour fonction de gérer et administrer un immeuble en copropriété pour le compte de tous les copropriétaires c'est-à-dire qu'***il est le mandataire du syndicat des copropriétaires***.

a) Le choix du syndic

1) Le syndic non professionnel « bénévole »

Les copropriétaires peuvent décider de choisir un syndic bénévole qui est obligatoirement un copropriétaire. Il n'a pas l'obligation de posséder une carte professionnelle contrairement au syndic professionnel mais sa responsabilité peut être engagée dans le cadre de ses fonctions. Elle est toutefois appréciée moins lourdement que s'il s'agissait d'un syndic professionnel.

Il est donc recommandé au syndic bénévole de souscrire une assurance en responsabilité civile ou au syndicat de s'assurer contre une mauvaise gestion.

Le syndic bénévole n'est en principe pas rémunéré ou alors la rémunération qu'il perçoit ne doit pas constituer l'essentiel de ses revenus. Il est par contre remboursé de tous les frais qu'il engage dans le cadre de la gestion de l'immeuble en copropriété.

Même non professionnel, le syndic doit ouvrir un compte bancaire ou postal au nom du syndicat des copropriétaires, sur lequel il dépose les fonds qu'il reçoit pour le compte de la copropriété. L'ouverture d'un compte bancaire séparé est obligatoire pour tous les syndics mais seuls les syndics professionnels ont la possibilité d'en être dispensés par l'assemblée générale.

Les syndics bénévoles proposent leur candidature en général dans de petites copropriétés ou des copropriétés familiales, beaucoup moins complexes à gérer que de grosses copropriétés.

2) Le syndic professionnel

Le syndic professionnel peut être une personne physique ou une personne morale. Il est inscrit au registre du commerce et des sociétés et soumis à la loi Hoguet du 2 janvier 1970.

Il a l'obligation de posséder une carte professionnelle, valable 10 ans, portant la mention « gestion immobilière » délivrée par la préfecture à condition qu'il puisse justifier des conditions de la loi Hoguet.

Un syndic qui ne possède pas de carte professionnelle s'expose à une condamnation pénale et à la nullité de son mandat entraînant ainsi la nullité de tous les actes accomplis pendant ce mandat.

b) La nomination du syndic

Elle peut intervenir de trois façons :

1) Par le règlement de copropriété

Lorsqu'une copropriété est en cours de réalisation et avant qu'elle ne soit terminée, le règlement de copropriété élaboré le plus souvent par le promoteur, nomme un syndic provisoire. Sa mission est, dès qu'il le pourra, de convoquer tous les copropriétaires en assemblée générale, pour élire un syndic définitif. La situation est identique lorsqu'un immeuble déjà existant fait l'objet d'une division en plusieurs lots et crée une copropriété.

2) Par un vote en assemblée générale

L'assemblée générale des copropriétaires désigne le syndic d'une part et approuve son contrat d'autre part, à la majorité des voix de tous les copropriétaires (majorité absolue de l'article 25 de la loi du 10 juillet 1965). Si cette majorité n'est pas obtenue, alors se présentent deux autres possibilités (art. 25-1) :

- soit la résolution recueille au moins un tiers des voix de tous les copropriétaires, la même assemblée peut se prononcer immédiatement à l'occasion d'un nouveau vote à la majorité de l'article 24 (majorité des voix des copropriétaires présents et représentés) ;
- soit la résolution recueille moins du tiers des voix de tous les copropriétaires et une nouvelle assemblée générale convoquée dans le délai de trois mois peut décider à la majorité de l'article 24.

3) Par le président du tribunal de grande instance

Si les copropriétaires n'arrivent pas à désigner un syndic ou en l'absence de syndic, tout copropriétaire ou membre du conseil syndical, peut demander au président du tribunal grande instance de nommer un administrateur provisoire ou syndic judiciaire. Celui-ci sera chargé de convoquer les copropriétaires en assemblée générale afin de désigner un nouveau syndic.

c) Le contrat de syndic

Le contrat de syndic c'est-à-dire le mandat qui lie le syndic au syndicat des copropriétaires, fait l'objet d'***un vote en assemblée générale à la majorité absolue***. Il est préalablement joint à la convocation, afin que les copropriétaires puissent l'étudier librement.

Ce contrat précise la durée du mandat qui ne peut excéder trois ans avec possibilité de réélection à l'issue de cette période (selon la volonté du syndicat), et un nouveau contrat est établi à chaque nomination même s'il s'agit du même syndic.

Sont spécifiées dans le mandat sa date de prise d'effet et date d'échéance, sachant qu'une copropriété ne peut fonctionner sans syndic même pour une courte durée. Les missions confiées au syndic sont définies dans le mandat ainsi que sa rémunération.

Pour améliorer ***la transparence des contrats de syndic*** et éviter certains excès, un arrêté en date du 19 mars 2010 est venu encadrer les pratiques tarifaires des syndics et administrateurs de biens.

Une liste minimale de prestations, définies dans une liste, sont désormais soumises ***au forfait annuel*** et les syndics ne pourront plus les facturer en supplément comme s'il s'agissait de prestations particulières.

d) Le rôle du syndic

Le syndic est considéré comme étant le mandataire et le membre exécutif du syndicat des copropriétaires. Ses missions sont définies par l'article 18 de la loi du 10 juillet 1965.

Il exécute les dispositions du règlement de copropriété : dans le cadre de cette mission, il veille notamment au respect du règlement de copropriété par tous les copropriétaires et éventuellement par les tiers à la copropriété (non-copropriétaires). Le syndic met en œuvre toutes les actions pour faire cesser les infractions au règlement de copropriété : usage abusif ou encombrement des parties communes, cessation des travaux non autorisés par l'assemblée générale, stationnement non autorisé par des personnes extérieures à la copropriété, etc.

Il convoque les copropriétaires en assemblée générale et exécute les décisions au moins une fois par an. Ensuite, il intervient en qualité de mandataire du syndicat et exécute les décisions prises en assemblée sans juger de leur opportunité. Le refus d'exécuter la volonté du syndicat engage sa responsabilité.

Il assure la garde, l'entretien et la conservation de l'immeuble. Le syndic effectue dans les parties communes de l'immeuble les petites et menues réparations de sa propre initiative, les autres réparations et travaux nécessitant un vote en assemblée générale. Toutefois s'agissant de travaux urgents indispensables à la sauvegarde de l'immeuble, le syndic peut engager les travaux sans autorisation. Mais ces travaux doivent être ratifiés peu après par les copropriétaires convoqués rapidement selon l'article 37 du décret du 17 mars 1967.

Il tient et met à jour le carnet d'entretien de l'immeuble. C'est une obligation qui engage sa responsabilité et celle du syndicat. Ce document contient l'identité du syndic, l'adresse de l'immeuble, les travaux présents et futurs, les contrats d'assurance, etc. Il peut s'avérer très utile à consulter pour un futur acquéreur.

Il représente le syndicat des copropriétaires en justice ; il est mandataire du syndicat des copropriétaires et, à ce titre, il représente le syndicat devant les tribunaux.

Il met à jour la liste des copropriétaires ; et cela dès qu'il est informé par le notaire de la vente d'un lot dans la copropriété.

Il conserve les archives du syndicat. Dans ces archives figurent notamment une copie du règlement de copropriété, de l'état descriptif de division, les contrats, correspondances, plans, documents et décisions de justice relatifs à la copropriété, les procès-verbaux des assemblées générales, etc.

Il embauche et gère le personnel de l'immeuble. Toutefois le syndicat des copropriétaires est juridiquement l'employeur même si le contrat de travail est signé par le syndic, qui, rappelons-le, est le mandataire du syndicat.

Il tient la comptabilité du syndicat et exécute les missions suivantes :

- l'ouverture obligatoire d'un compte bancaire ou postal séparé au nom du syndicat (art. 18, loi 10 juillet 1965) sur lequel sont versées toutes les sommes et valeurs que le syndic reçoit. L'ouverture de ce compte a lieu dans le délai de trois mois après sa désignation en assemblée générale (à défaut, son mandat expire de plein droit à l'issue de ce délai). Les copropriétaires peuvent toutefois décider de ne pas ouvrir de compte séparé par un vote en assemblée à condition que le syndic soit un syndic professionnel ;
- l'établissement du budget prévisionnel qui concerne l'ensemble des dépenses courantes de maintenance, de fonctionnement et d'administration des parties communes et équipements communs de l'immeuble de l'année budgétaire à venir ;
- l'établissement des dépenses hors budget prévisionnel soumises à un vote en assemblée générale ;
- l'arrêté et l'approbation des comptes de l'exercice écoulé qui a lieu chaque année en assemblée générale ;
- le vote en assemblée du quitus de sa gestion : il s'agit pour les copropriétaires de ratifier les actes effectués par le syndic l'exonérant ainsi de toute responsabilité dans le cadre de sa gestion.

e) La responsabilité du syndic

1) La responsabilité civile

Elle revêt deux formes :

- ***la responsabilité contractuelle*** : engagée en cas de fautes du syndic dans l'exercice de son mandat de gestion si le préjudice a été subi par le syndicat qui en est le mandataire ;
- ***la responsabilité délictuelle ou quasi-délictuelle*** : engagée en cas de fautes commises par le syndic lorsque le dommage a été causé à un tiers ou même à un copropriétaire. En effet, selon

la jurisprudence, il n'existe pas de lien contractuel entre le syndic et le copropriétaire mais entre le syndic et le syndicat des copropriétaires.

2) La responsabilité pénale

Sa responsabilité est engagée lorsqu'il commet une infraction sanctionnée pénalement et notamment pour :

- abus de confiance (fausses informations dans le cadre de sa gestion, etc.) ;
- escroquerie (détournement de fonds, etc.) ;
- absence de carte professionnelle ;
- blessures causées du fait de son imprudence ou de sa négligence ;
- menaces ou violences.

f) La fin des fonctions du syndic

Le syndic n'a plus le droit de gérer une copropriété dans les cas suivants :

Lorsque son mandat expire	Le syndic est élu pour une durée déterminée (maximum trois ans) à l'issue de laquelle il cesse ses fonctions sauf si le syndicat des copropriétaires le renouvelle par un vote en assemblée générale.
Lorsqu'il démissionne	Dans les formes prévues dans le mandat ou le règlement de copropriété.
Lorsqu'il est révoqué	Par le syndicat des copropriétaires (vote à la majorité absolue) s'il commet des fautes graves dans l'exercice de ses fonctions. Mais le syndic peut demander des dommages et intérêts si cette révocation n'est pas fondée sur des motifs légitimes et sérieux.

3 Le règlement de copropriété

■ *Définition*

En vertu de l'article 8 de la loi du 10 juillet 1965, toute copropriété doit posséder un règlement de copropriété. Ce document définit les parties privatives et les parties communes de l'immeuble, détermine les règles d'administration des parties communes, contient un état de répartition des charges et les quotes-parts attachées à chaque lot.

Il définit également la destination de l'immeuble c'est-à-dire l'utilisation possible des lots en copropriété (habitation exclusive ou possibilité d'activités libérales ou commerciales).

Un état descriptif de division est annexé au règlement de copropriété. Il permet d'identifier précisément les lots de copropriété puisqu'à chaque lot correspond un numéro d'identification, la description de sa situation, sa quote-part et sa consistance.

Le règlement de copropriété doit être respecté par tous les copropriétaires sans exception.

L'élaboration du règlement de copropriété

Dans l'hypothèse d'un immeuble à construire (VEFA), le règlement de copropriété est créé par le promoteur immobilier. Si l'immeuble existe déjà et est divisé en plusieurs lots, c'est le propriétaire de l'immeuble qui le place sous le régime de la copropriété qui est à l'origine du règlement.

Rédigé généralement par un professionnel (notaire, géomètre expert), le règlement ainsi que les modifications ultérieures sont publiées à la conservation des hypothèques afin d'être opposables à tous notamment à tout nouvel acquéreur d'un lot qui adhère au règlement dès la conclusion de l'acte de vente.

Le contenu du règlement de copropriété

Le règlement de copropriété contient les dispositions suivantes :

- ***la description des parties privatives et des parties communes*** : ce sont celles qui sont réservées à l'usage exclusif d'un copropriétaire (privatives) ou celles destinées à l'usage de tous les copropriétaires (communes) ;
- ***la destination de l'immeuble*** : elle permet de définir l'affectation possible des lots dans la copropriété. Le règlement de copropriété peut contenir une clause d'habitation bourgeoise exclusive qui a pour effet d'interdire l'exercice de toute activité professionnelle ou commerciale dans l'immeuble destiné à un usage uniquement d'habitation. La clause d'habitation bourgeoise simple permet les locaux d'habitation et les locaux abritant des professions libérales. La destination mixte permet toutes les activités y compris les activités commerciales mais une clause du règlement de copropriété peut interdire certaines activités trop bruyantes ou odorantes. Lorsque la destination est définie, aucune autorisation en assemblée générale n'est nécessaire pour une activité autorisée par le règlement de copropriété ;
- ***les règles d'administration des parties communes*** : elles sont définies en grande majorité par la loi du 10 juillet 1965 et son décret d'application du 17 mars 1967. Si une clause du règlement est contraire à la loi, elle est réputée non écrite et ne peut donc s'appliquer aux copropriétaires ;

- ***les règles de jouissance des parties privatives et des parties communes*** : elles permettent de définir les droits et obligations des copropriétaires dans l'immeuble en copropriété (ex. pose de canisses interdite sur les balcons) ;
- ***les différentes catégories de charges*** : ce sont celles auxquelles les copropriétaires contribuent selon les règles de répartition définies par la loi. Tous les nouveaux règlements de copropriété publiés depuis le 31 décembre 2002 doivent préciser la façon dont les quotes-parts des parties communes et les quotes-parts de charges sont calculées.

■ *La modification du règlement de copropriété*

Pour modifier les conditions d'usage, d'administration et de jouissance des parties communes telles qu'elles sont définies dans le règlement de copropriété, l'assemblée générale des copropriétaires doit voter à la ***double majorité*** de l'article 26 de la loi du 10 juillet 1965 c'est-à-dire la majorité de tous les copropriétaires représentant 2/3 des voix.

Pour modifier les conditions d'usage et de jouissance des parties privatives, il faut obtenir un vote à l'unanimité des copropriétaires.

Les ***modifications apportées*** au règlement de copropriété sont ***publiées à la conservation des hypothèques*** sinon elles ne sont pas opposables aux locataires et acquéreurs.

L'assemblée générale

Chapitre 14

Tous les copropriétaires sont convoqués en assemblée générale par le syndic au moins une fois par an. C'est un moment très important dans la vie de la copropriété puisque c'est au cours de ces réunions que sont votées toutes les décisions importantes concernant la copropriété.

1 La convocation de l'assemblée générale des copropriétaires

Les personnes habilitées à convoquer

Plusieurs personnes sont habilitées à convoquer une assemblée générale de copropriétaires :

Le syndic	Il convoque les copropriétaires en assemblée générale au minimum une fois par an et lorsque cela est nécessaire (art. 7, décret 1967).
Le président du conseil syndical	Le président du conseil syndical ou un ou plusieurs copropriétaires représentant au moins un quart des voix de tous les copropriétaires peuvent notifier au syndic par lettre recommandée avec accusé de réception une demande de convocation en AG sur une ou des questions précises à porter à l'ordre du jour. À défaut de convocation sous huit jours le président du conseil syndical peut procéder à cette convocation.
Le mandataire judiciaire	À défaut de convocation par le président du conseil syndical ou s'il n'y a pas de conseil syndical, tout copropriétaire peut saisir le président du TGI afin de nommer un mandataire chargé de convoquer l'assemblée générale.

Les personnes à convoquer

Le syndic doit adresser une convocation en assemblée générale :
- à tous les copropriétaires de lots ;
- au représentant légal de la SCI si une SCI est copropriétaire ;
- au mandataire désigné si le lot est la propriété d'une indivision ;
- au mandataire désigné si le lot fait l'objet d'un démembrement usufruit – nue-propriété, à défaut le règlement de copropriété précise que les convocations à l'assemblée générale sont adressées à l'usufruitier ;
- à l'époux propriétaire d'un bien propre en copropriété sous le régime de la séparation des biens ;
- aux deux époux conjointement s'ils ont acquis le lot durant le mariage sous le régime légal de la communauté réduite aux acquêts ;
- aux concubins ou partenaires pacsés s'ils ont acquis le lot en indivision.

Les délais à respecter

La convocation est adressée au moins ***21 jours avant la tenue de l'assemblée générale par lettre recommandée avec accusé de réception*** ou par remise contre récépissé ou émargement ou par télécopie avec avis de réception.

Le délai court à compter du lendemain de la notification.

Le non-respect de ces règles entraîne la nullité de l'assemblée générale.

Le contenu de la convocation

La convocation contient obligatoirement :
- l'indication du lieu, de la date et de l'heure de la réunion ;
- l'indication de l'ordre du jour de l'assemblée c'est-à-dire toutes les questions sur lesquelles l'assemblée devra se prononcer et voter ainsi que les documents joints qui peuvent s'avérer indispensables à consulter (devis de travaux, factures, etc.).

Toutefois, tout copropriétaire peut demander au syndic avant la tenue de l'assemblée., l'inscription d'une ou plusieurs questions à l'ordre du jour (par lettre recommandée avec accusé de réception). La demande ne doit pas être trop tardive sinon les questions risquent d'être inscrites à l'ordre du jour de l'assemblée suivante.

L'article 18-1 de la loi du 10 juillet 1965 dispose que pendant le délai s'écoulant entre la convocation de l'assemblée générale appelée à connaître des comptes et la tenue de celle-ci, les pièces justificatives des charges sont à la disposition de tous les copropriétaires par le syndic au moins un jour ouvré, selon des modalités définies par l'assemblée générale.

La représentation des copropriétaires absents

Un copropriétaire peut donner mandat à une personne aux fins de la représenter en assemblée et voter en son nom et pour son compte. Il peut s'agir d'***un copropriétaire ou d'une personne étrangère à la copropriété***.

Toutefois l'article 22 de la loi du 10 juillet 1965 interdit à un copropriétaire de donner mandat :

- au syndic ;
- au conjoint du syndic ;
- au partenaire Pacsé du syndic (loi du 12 mai 2009, loi Warsmann) ;
- aux préposés du syndic. Les concierges et les gardiens d'immeubles peuvent être mandataires car ils sont préposés du syndicat des copropriétaires et non du syndic. Ils n'ont en effet pas de lien juridique de subordination à l'égard du syndic (même si dans les faits, le syndic joue le rôle d'employeur).

De surcroît, une même personne ne peut représenter plus de trois copropriétaires ou alors si elle détient plus de trois pouvoirs, elle ne peut représenter plus de 5 % des voix du syndicat (elle et ses mandants).

2 Les majorités de vote en assemblée générale

Les copropriétaires votent, en assemblée générale, à différentes majorités, selon le type de décisions à prendre : majorité simple, ***majorité absolue, double majorité et parfois ils sont tenus de voter à l'unanimité***.

Majorité simple

Selon l'article 24 de la loi 10 juillet 1965, majorité simple signifie ***majorité des voix exprimées des copropriétaires présents et représentés*** (abstentions non prises en compte).

Sont prises à la majorité simple, les décisions d'administration et de gestion courante de la copropriété et les décisions qui relèvent des pouvoirs d'administration courante du syndicat :

- peinture cage escalier ;
- adoption d'un plan de travaux d'économies d'énergie ;
- travaux d'accessibilité aux personnes handicapées ou à mobilité réduite ne touchant pas à la structure de l'immeuble ou à ses éléments essentiels, etc.

Majorité absolue

Pour l'article 25 de la loi 10 juillet 1965, la majorité absolue signifie la ***majorité des voix de tous les copropriétaires qu'ils soient présents, représentés ou absents***.

Lorsque l'assemblée générale des copropriétaires n'a pas décidé à la majorité absolue mais que le projet a recueilli au moins le tiers des voix de tous les copropriétaires composant le syndicat, la même assemblée peut (ce n'est pas une obligation) décider à la majorité prévue à l'article 24 en procédant immédiatement à un second vote.

Lorsque le projet n'a pas recueilli au moins le tiers des voix de tous les copropriétaires, une nouvelle assemblée générale, si elle est convoquée dans le délai maximal de trois mois, peut statuer à la majorité de l'article 24.

Nécessite la majorité absolue :

- la désignation ou la révocation du syndic et des membres du conseil syndical ;
- les modalités de réalisation et d'exécution des travaux rendus obligatoires en vertu des dispositions législatives ou réglementaires (ex : ravalement obligatoire) ;
- l'autorisation donnée à certains copropriétaires d'effectuer à leurs frais des travaux affectant les parties communes ou l'extérieur de l'immeuble ;
- la modification de la répartition des charges relatives aux éléments d'équipement communs ou services, rendue nécessaire par le changement de l'usage d'une ou plusieurs parties privatives ;
- l'installation de compteurs d'énergie thermique ou de répartiteurs de frais de chauffage, etc.

Double majorité

La double majorité selon l'article 26 de la loi 10 juillet 1965 signifie ***la majorité de tous les copropriétaires présents, représentés ou absents*** (en nombre) ***détenant au moins les deux tiers des voix de tous les copropriétaires*** (même absents et non représentés).

Si certains travaux d'amélioration de l'article 25 c) ont été approuvés par la majorité des membres du syndicat représentant au moins les 2/3 des voix des copropriétaires présents et représentés (et non plus les 2/3 des voix de tous les copropriétaires), une nouvelle assemblée peut statuer à la majorité des membres du syndicat représentant 2/3 des voix des copropriétaires présents et représentés.

La double majorité est nécessaire pour :

- l'établissement ou la modification du règlement de copropriété dans la mesure où il concerne la jouissance, l'usage et l'administration des parties communes ;
- la demande d'individualisation des contrats de fourniture d'eau et la réalisation des études et travaux nécessaires à cette individualisation ;

– les modalités d'ouverture des portes d'accès aux immeubles ;
– la suppression du poste de concierge ou de gardien et la vente du logement destiné au concierge ou au gardien lorsqu'il appartient au syndicat ;
– certaines acquisitions immobilières et actes de disposition, etc.

■ *L'unanimité des copropriétaires*

C'est l'article 26 dernier alinéa de la loi 10 juillet 1965 qui oblige l'unanimité des copropriétaires pour certaines décisions comme :
– la modification de la répartition des charges sauf si elle est rendue nécessaire par des travaux, achats ou ventes décidés par l'assemblée et sauf cas prévus à l'article 25f ;
– les décisions ayant pour effet d'imposer à un copropriétaire la modification de la destination de ses parties privatives ou modalités de jouissance ;
– l'aliénation des parties communes dont la conservation est nécessaire au respect de la destination de l'immeuble ;
– la surélévation ou la construction de nouveaux bâtiments à usage privatif par les soins du syndicat.

Les présences et représentations des copropriétaires sont consignées sur une feuille annexée au procès-verbal.

Chaque copropriétaire dispose d'un nombre de voix égal à sa quote-part de parties communes. Pour éviter des situations de blocage, si un copropriétaire possède plus de la moitié des tantièmes de la copropriété, son nombre de voix est réduit à la somme des voix de tous les autres copropriétaires.

3 Le procès-verbal d'assemblée générale

■ *La forme du procès-verbal*

Le procès-verbal de l'assemblée générale est réglementé par l'article 17 du décret du 17 mars 1967 : il s'agit d'un ***document obligatoire*** dont le non-respect entraîne la nullité de l'assemblée générale. Les procès-verbaux sont inscrits sur un registre spécial qui peut être tenu sous forme électronique.

Le procès-verbal d'assemblée générale indique, sous l'intitulé de chaque question inscrite à l'ordre du jour, le résultat du vote. Sont précisés les noms des copropriétaires qui se sont opposés à la décision et leur nombre de voix ainsi que les noms de ceux qui se sont abstenus et leur nombre de voix (et les réserves éventuelles de certains copropriétaires).

La notification du procès-verbal

Le procès-verbal d'une assemblée générale est notifié par le syndic dans ***le délai de deux mois*** de l'assemblée générale ***à tous les copropriétaires opposants ou absents non représentés*** par lettre recommandée avec accusé de réception ou par télécopie avec récépissé. La notification est facultative en ce qui concerne les copropriétaires qui ont voté favorablement.

Le courrier de notification mentionne le résultat des votes et reproduit intégralement le texte de l'article 42 alinéa 2 de la loi du 10 juillet 1965 énonçant le délai pour contester une décision prise en assemblée générale.

La contestation des décisions prises en assemblée générale

Seuls les copropriétaires absents non représentés lors de l'assemblée générale et ceux qui ont voté contre une décision peuvent la contester.

Ils doivent le faire dans ***le délai de deux mois de la notification du procès-verbal*** par le syndic par-devant le tribunal de grande instance (avec constitution d'avocat).

Ce délai court à compter du lendemain de la première présentation de la lettre recommandée avec accusé de réception notifiant le procès-verbal au domicile du copropriétaire ou de la réception de la télécopie avec récépissé (art. 64, décret du 17 mars 1967).

Le délai de contestation peut être porté à 10 ans si la notification est irrégulière ou s'il n'y a pas eu de notification. Ainsi un copropriétaire qui n'a pas été convoqué ou convoqué hors délai ou si le procès-verbal ne mentionne pas l'article 42 par exemple, dispose d'un délai de dix ans pour contester.

Les travaux et charges de copropriété

Chapitre 15

Être copropriétaire, c'est devoir assumer un certain nombre d'obligations dont celle de payer ses charges afin de préserver la qualité des prestations dans l'immeuble et faire face aux dépenses utiles et nécessaires à la vie collective de la copropriété. Les travaux, notamment, peuvent représenter une part importante des postes de dépenses.

1 Les travaux

■ Les travaux dans les parties communes

Les travaux affectant les parties communes font l'objet d'un ***vote en assemblée générale*** et les majorités exigées sont différentes selon le type de travaux.

a) Majorité simple

La majorité simple de l'article 24 de la loi 10 juillet 1965 est exigé pour :

- les travaux d'entretien et de maintien de l'immeuble en bon état : réfection de la toiture ou du couloir, etc.
- les travaux d'accessibilité aux personnes handicapées ;
- l'autorisation donnée à certains copropriétaires d'effectuer, à leurs frais, des travaux d'accessibilité affectant les parties communes ou l'aspect extérieur de l'immeuble, etc.

b) Majorité absolue

La majorité absolue de l'article 25 de la loi du 10 juillet 1965 est nécessaire pour :

- les travaux obligatoires exigés par des lois ou des règlements : ravalement de 'immeuble, mise aux normes des ascenseurs ;

– les travaux d'économie d'énergie hors entretien comme l'isolation thermique du bâtiment ;
– la suppression du vide-ordures pour des raisons d'hygiène, etc.

c) La double majorité

L'article 26 de la loi du 10 juillet 1965 rend nécessaire la double majorité pour :
– les travaux de transformation d'un élément d'équipement ;
– les travaux de création ou d'aménagement de locaux affectés à un usage commun ;
– les travaux d'amélioration visant à un confort supplémentaire : installation d'un ascenseur, remplacement de portes de garages à mécanisme manuel par une fermeture électrique, etc.

d) L'unanimité de tous les copropriétaires

L'unanimité est obligatoire pour :
– les travaux qui ont pour effet de modifier la destination de l'immeuble ;
– les travaux de surélévation lorsqu'il y a rajout d'un élément de construction, etc.

Toutefois, aucune autorisation n'est exigée :
– pour les travaux de menu entretien que le syndic exécute comme il l'entend (remplacement d'une ampoule par ex.) ;
– en cas de travaux urgents nécessaires à la sauvegarde de l'immeuble. Mais le syndic doit ensuite convoquer les copropriétaires en assemblée générale pour ratifier les travaux en question.

■ *Les travaux dans les parties privatives*

Tout copropriétaire a un usage exclusif et la libre disposition de ses parties privatives. Il peut faire les travaux qu'il souhaite sans avoir à rendre compte ou obtenir une autorisation de l'assemblée générale ***à condition de ne pas porter atteinte aux parties communes de l'immeuble***.

À ce titre, les travaux dans les parties privatives touchant au gros œuvre, canalisations, chauffage collectif... nécessitent une autorisation en assemblée générale car ils affectent les parties communes.

■ *Le paiement des travaux*

Les copropriétaires qui ont voté les travaux sont tenus de les payer.

Ceux qui se sont opposés par un vote à ces travaux peuvent les régler en ***dix annuités***.

Mais cette possibilité ne concerne que le paiement des travaux d'amélioration et ne concerne pas les travaux d'entretien votés à la majorité de l'article 24 ni les travaux imposés par des lois ou règlements.

En cas de vente du lot, l'échelonnement s'annule et le paiement total est alors exigé.

Le vendeur d'un lot en copropriété doit s'acquitter du paiement des provisions de travaux dont la date d'exigibilité est antérieure à la vente et l'acquéreur doit s'acquitter du paiement des provisions dont la date d'exigibilité est postérieure à la vente.

L'acte de vente passé entre le vendeur et l'acquéreur peut prévoir une répartition différente mais la volonté des parties n'est pas opposable au syndic.

■ *Les travaux et les honoraires du syndic*

Le syndic perçoit deux types de rémunérations : ***des honoraires pour gestion courante et des honoraires correspondant à des prestations particulières***.

Les honoraires spécifiques pour travaux sont désormais encadrés. En vertu de l'article 18-1 A de la loi du 10 juillet 1965, le syndic ne peut les réclamer que s'il respecte les conditions suivantes :

- les honoraires spécifiques ne peuvent concerner que les travaux hors budget prévisionnel ;
- et ces honoraires doivent faire l'objet d'un vote lors de la même assemblée générale que les travaux concernés, en respectant les mêmes règles de majorité. ***Il doit y avoir un vote distinct et pour les travaux et pour les honoraires du syndic.***

2 Les charges de copropriété

Les charges sont les dépenses incombant définitivement aux copropriétaires après arrêté et approbation des comptes, chacun pour leur quote-part. Par opposition ***aux provisions sur charges*** qui sont des sommes versées ou à verser en attente du solde définitif après approbation des comptes du syndicat de copropriété.

Les charges correspondent à des dépenses d'usage, d'entretien et de fonctionnement des parties communes auxquelles participent tous les copropriétaires ou certains d'entre eux (selon le type de charges).

En vertu de l'article 10 de la loi du 10 juillet 1965, il existe deux types de charges : les charges communes et les charges spéciales.

■ *Les charges communes*

Ces charges sont déclarées communes car ***tous les copropriétaires y contribuent***. Elles peuvent toutefois n'être communes qu'à certains copropriétaires s'il existe plusieurs bâtiments et qu'elles ne s'appliquent qu'aux copropriétaires d'un bâtiment déterminé.

Il s'agit des charges de conservation, d'entretien et d'administration des parties communes et elles concernent notamment :

- les petites et grosses réparations ;
- les honoraires du syndic ;
- le ravalement de l'immeuble ;
- l'entretien des espaces verts ;
- les frais de tenue des assemblées générales ;
- l'entretien couloir et cage d'escalier ;
- les dépenses de gardiennage, etc.

Les charges communes sont financées par le versement de provisions trimestrielles sur la base du budget prévisionnel.

Les copropriétaires paient ces charges en fonction de leur quote-part c'est-à-dire à hauteur des tantièmes de copropriété définis dans le règlement de copropriété. ***Elles sont dues par tous les copropriétaires*** même si la dépense ne présente aucune utilité directe pour le lot de certains.

Si un lot représente 120/1000e de la copropriété, le copropriétaire paiera 120/1000e des dépenses engagées au titre des charges.

■ Les charges spéciales

Ce sont les charges relatives à l'usage et au fonctionnement des services collectifs et des éléments d'équipement communs et elles concernent notamment :

- l'entretien de l'ascenseur ;
- les frais de chauffage collectif ;
- l'installation et l'entretien des antennes collectives ;
- l'installation et l'entretien des interphones, etc.

Elles sont réparties sur la base du critère de l'***utilité*** que l'équipement ou le service a pour le copropriétaire concerné. Utilité ne veut pas dire usage effectif et il suffit qu'il y ait une possibilité d'usage pour que les charges soient dues.

Ainsi les copropriétaires du rez-de-chaussée d'un immeuble ne paient pas les charges d'ascenseur à condition qu'ils ne possèdent pas de cave ou de parking en sous-sol desservi par cet ascenseur.

■ La modification de la répartition des charges

La répartition des charges de copropriété ne peut être modifiée qu'***à l'unanimité*** des copropriétaires. Toutefois, en vertu de l'article 11 de la loi du 10 juillet 1965 « *lorsque des travaux ou des actes d'acquisition ou de disposition sont décidés par l'assemblée générale statuant à la majorité* *exigée par la loi, la modification de la répartition des charges ainsi rendue nécessaire peut être décidée par l'assemblée générale statuant à la même majorité* ».

De surcroît, un copropriétaire peut contester une répartition de charges si sa part de charges est supérieure ***de plus d'un quart*** à celle d'un autre copropriétaire ou celle d'un autre copropriétaire inférieure de plus d'un quart à ce qu'il devrait assumer.

Cette contestation doit avoir lieu dans le délai de 5 ans à compter de la publication du règlement au fichier immobilier ou 2 ans à compter de la première vente d'un lot.

Le juge peut procéder à une nouvelle répartition de charges laquelle s'impose à tous les copropriétaires à compter du jugement mais sans rétroactivité.

Le conseil syndical, dans le cadre de sa mission de contrôle, peut demander au syndic à prendre connaissance de tous les documents et pièces justifiant les charges réclamées. Il en est de même pour les copropriétaires entre la convocation de l'assemblée générale appelée à connaître les comptes et la tenue de celle-ci.

■ *Les actions en recouvrement des charges impayées*

Un syndic n'a pas à obtenir une autorisation de l'assemblée générale des copropriétaires pour engager une action en recouvrement de charges impayées.

Toutefois, si le syndic entend poursuivre par voie de ***saisie-immobilière, l'autorisation en assemblée générale devient nécessaire*** en raison de la gravité de l'action.

a) La procédure

Face à un copropriétaire qui ne paie pas ses provisions sur charges, le syndic dispose de moyens d'actions rapides : il adresse une lettre recommandée avec accusé de réception au copropriétaire débiteur avec mise en demeure de régler les sommes dues. Si le règlement n'a pas lieu dans le délai de 30 jours, le syndic est en droit d'exiger la totalité des provisions de l'année budgétaire alors même qu'elles ne sont pas exigibles de la part des autres copropriétaires.

b) Les actions judiciaires

Si le débiteur ne paie toujours pas ses charges, plusieurs possibilités d'actions judiciaires sont offertes au syndic :

- le syndic peut saisir le tribunal d'instance par une simple déclaration au greffe pour les litiges inférieurs à 4 000 € avec mention des parties, du litige et des motifs. Les parties sont convoquées par le greffier et le recours à un avocat n'est pas obligatoire ;
- le syndic peut assigner le copropriétaire débiteur devant le président du TGI. Il peut agir devant le TGI du lieu de situation de l'immeuble en référé c'est-à-dire s'il y a urgence ;

– le syndic peut saisir le juge par voie d'injonction de payer. C'est une procédure rapide qui permet d'obtenir un titre exécutoire (jugement) sans que les parties n'aient à comparaître devant le juge.

c) Les voies d'exécution

Lorsque le tribunal a statué et que le syndic possède un jugement de condamnation (titre exécutoire), il saisit un huissier de justice afin d'exécuter la décision prononcée par le juge.

Plusieurs voies d'exécution sont envisageables :

La saisie conservatoire	Le syndic procède par voie de saisie conservatoire par l'intermédiaire d'un huissier afin d'empêcher le copropriétaire de faire disparaître les biens mobiliers susceptibles d'être saisis et vendus aux enchères.
La saisie attribution	Le syndic demande à l'huissier de procéder par voie de saisie-attribution avec les intervenants suivants : le syndicat des copropriétaires (le saisissant) le copropriétaire débiteur (le saisi) et une tierce personne (tiers saisi). L'huissier récupère les impayés entre les mains du tiers saisi lequel est lui-même débiteur du copropriétaire (exemple : un de ses locataires).
La saisie-arrêt sur salaires	Le syndic peut procéder par voie de saisie-arrêt sur salaires (une partie du salaire reste insaisissable). L'huissier récupère les charges impayées entre les mains de l'employeur du copropriétaire débiteur.
La saisie des meubles	Le syndic fait saisir par huissier les meubles du débiteur afin de les vendre aux enchères (sauf meubles déclarés insaisissables par la loi).
La saisie immobilière	Le syndic peut engager, avec l'autorisation de l'assemblée générale, une action avec constitution d'avocat aux fins d'aboutir à la saisie-immobilière du lot du copropriétaire débiteur.

d) L'opposition entre les mains du notaire

Une procédure spécifique existe lorsque le copropriétaire débiteur décide de vendre son lot de copropriété (art. 20, loi du 10 juillet 1965).

En cas de vente de son lot, si le copropriétaire vendeur (débiteur de charges) n'a pas présenté au notaire un ***certificat*** du syndic de moins d'un mois, attestant qu'il n'est redevable d'aucune charge envers le syndicat des copropriétaires, un ***avis de mutation*** est adressé par le notaire au syndic de l'immeuble par LRAR dans les 15 jours du transfert de propriété.

Dans un délai maximum de 15 jours à compter de la réception de cet avis, le syndic peut former par acte d'huissier ***opposition*** (signifiée au notaire) au versement des fonds de la vente pour obtenir le paiement des sommes restant dues par le copropriétaire débiteur. L'opposition bloque entre les mains du notaire une somme équivalente à celle signalée par le syndic pour lui être reversée ensuite. En cas de désaccord, le tribunal est saisi.

■ *Les privilèges du syndicat des copropriétaires*

En vertu de l'article 2324 du Code civil, le privilège est un droit que la qualité de la créance donne à un créancier d'être préféré aux autres créanciers, même hypothécaires.

Le syndicat des copropriétaires, par l'intermédiaire du syndic, dispose de différents privilèges lui assurant d'être payé en priorité à d'autres créanciers dans l'hypothèse d'une vente aux enchères des biens meubles ou immeubles du copropriétaire débiteur :

- ***le privilège mobilier*** du syndicat des copropriétaires sur les meubles du copropriétaire défaillant : le syndicat, en cas de vente des meubles appartenant au copropriétaire débiteur, est payé en priorité en vertu de ce privilège ;
- ***le privilège immobilier*** : par le biais de la procédure d'opposition permettant au syndicat d'être payé en priorité par rapport aux autres créanciers lorsque le copropriétaire vend son lot. S'il existe plusieurs créanciers, le syndicat est payé en priorité pour les dépenses de l'année courante et des deux dernières années, mais il partage le prix de vente pour les dépenses des 2 années antérieures ;
- ***l'inscription d'une hypothèque légale*** sur le lot du copropriétaire débiteur (art. 19, loi 10 juillet 1965). Si le syndic a délivré une mise en demeure restée infructueuse, il peut inscrire une hypothèque sur le lot du copropriétaire débiteur qui prend rang au jour de son inscription.

3 Les copropriétés en difficultés

■ *La nomination d'un administrateur ad hoc*

L'article 29-1 de la loi du 10 juillet 1965 (issu de la loi Molle du 25 mars 2009) définit une procédure précise dans l'hypothèse d'une copropriété confrontée à de graves difficultés financières.

Si, à la clôture des comptes, ***les impayés dépassent 25 % du budget prévisionnel et des dépenses pour travaux non compris dans le budget prévisionnel***, le syndic avertit le conseil syndical et saisit le président du tribunal de grande instance afin de nommer un administrateur ad hoc.

À défaut pour le syndic d'agir dans le délai d'un mois de la clôture des comptes, les copropriétaires représentant 15 % des voix du syndicat peuvent saisir en référé le président du tribunal de grande instance de cette même demande (idem pour certains créanciers impayés). Les représentants de la commune et de l'État sont informés de la situation.

L'administrateur a pour mission de présenter un rapport au président du TGI et ensuite à toutes les parties intéressées afin de préconiser des solutions de redressement de la situation qui sont soumises ensuite à un vote en assemblée générale.

■ La nomination d'un administrateur provisoire

L'administrateur provisoire est nommé lorsqu'un syndicat est confronté à de telles difficultés ***qu'un système de tutelle doit être mis en place***. L'administrateur provisoire n'assiste pas le syndic mais agit dans le but de rétablir une situation financière très grave.

Il est également désigné par le président du TGI à l'initiative du syndic lui-même ou des copropriétaires représentant au moins 15 % des voix du syndicat ou encore à l'initiative du procureur de la République, lorsque l'immeuble représente un danger pour ses occupants en raison de son état.

■ L'état de carence

Lorsque l'état de l'immeuble est susceptible de ***mettre en danger les occupants***, un état de carence est prononcé. Les autorités publiques (maire ou préfet) peuvent obliger les copropriétaires à faire les travaux nécessaires ou à défaut les effectuer à leur place et à leurs frais.

La vente d'un lot en copropriété

Chapitre 16

En raison notamment de l'existence de charges de copropriété qu'il va falloir régler, voire répartir entre vendeur et acquéreur, la vente d'un lot en copropriété oblige à respecter un certain nombre de dispositions qui vont s'imposer non seulement aux parties à la vente mais également aux professionnels comme le syndic et le notaire.

1 La particularité de la vente d'une aire de stationnement

Lorsque l'immeuble répond aux règles du Plan Local d'Urbanisme (PLU), l'assemblée générale peut alors inclure dans son règlement de copropriété une clause instituant ***un droit de priorité des copropriétaires*** sur la vente des aires de stationnement de l'immeuble.

Si un copropriétaire souhaite vendre son lot à usage de stationnement, il informe le syndic par lettre recommandée avec accusé de réception en indiquant le prix et les conditions de la vente. Le syndic informe ensuite, aux frais du vendeur, chaque copropriétaire par lettre recommandée avec accusé de réception et cet avis vaut ***offre de vente pendant deux mois*** à compter de la notification du courrier recommandé.

2 Les documents à notifier

Avant la vente, la loi impose au syndic de fournir, à la demande du notaire, les éléments d'information sur la situation financière du vendeur à l'égard du syndicat des copropriétaires et sur les charges futures dont sera redevable l'acquéreur du lot. Il s'agit de ***l'état daté***.

La notification de l'état daté par le syndic

En vertu de l'article 5 du décret du 17 mars 1967, ***ce document est notifié par le syndic au notaire*** chargé de la vente du lot et à sa demande. Il comprend trois parties :

– ***les sommes dues par le copropriétaire vendeur au syndicat*** : ce sont les provisions exigibles du budget prévisionnel (tout trimestre entamé est dû), les provisions hors budget prévisionnel, les charges impayées, les sommes dues pour des travaux dont le paiement est différé, les avances exigibles (les avances sont les fonds destinés par le règlement de copropriété ou une décision d'assemblée générale à constituer des réserves) ;

– ***les sommes dues par le syndicat au copropriétaire vendeur*** : il s'agit du remboursement d'avances non utilisées, de provisions du budget prévisionnel pour les périodes postérieures à la vente et rendues exigibles en raison de la déchéance du terme ;

– ***les sommes qui devraient incomber au nouveau copropriétaire*** (acquéreur du lot) : ce sont notamment les provisions non encore exigibles du budget prévisionnel ou hors budget prévisionnel, la reconstitution des avances.

Les sommes mentionnées dans l'état daté peuvent être approximatives et la facturation du document est à la charge du copropriétaire vendeur.

La notification de l'avis de mutation par le notaire

Si les documents adressés par le syndic précisent que le vendeur est redevable de charges à l'égard du syndicat, ***le notaire notifie un avis de mutation*** au syndic par lettre recommandée avec accusé de réception dans un délai de 15 jours du transfert de propriété (art. 20, loi 10 juillet 1965).

Dans un délai de quinze jours à compter de cette notification, le syndic peut faire ***opposition,*** par acte d'huissier signifié au notaire, pour le montant des sommes dues lesquelles resteront bloquées entre les mains du notaire jusqu'à leur versement au syndic. Le tribunal n'est saisi qu'en cas de désaccord du copropriétaire vendeur.

La notification du transfert de propriété par le notaire

Après la signature de l'acte de vente, ***le transfert de propriété est notifié sans délai au syndic*** par le notaire avec désignation du lot vendu et les nom, prénom et domicile de l'acquéreur (art. 6, décret du 17 mars 1967 – ne pas confondre avec la notification de l'avis de mutation ci-dessus).

L'acquéreur du lot n'acquiert la qualité de copropriétaire à l'égard du syndicat des copropriétaires et du syndic qu'à compter de la date de réception de la notification faite par le notaire au syndic et ce n'est qu'à cette date que le vendeur n'est plus copropriétaire et par conséquent plus redevable de charges à l'égard du syndicat.

À défaut de notification du transfert de propriété par le notaire au syndic, le vendeur reste tenu de payer les provisions et charges exigibles après la signature de l'acte de vente notarié, et l'acquéreur est propriétaire du lot sans être copropriétaire à l'égard du syndicat et du syndic.

3 Le paiement des charges en cours

Le vendeur est redevable de l'intégralité des provisions exigibles au jour de la vente et l'acquéreur des provisions exigibles après la vente. Mais ces provisions sont dues par la personne qui est copropriétaire à la date d'exigibilité.

Or l'acquéreur du lot n'acquiert la qualité de copropriétaire qu'à compter de la date de réception de la notification du transfert de propriété au syndic faite par le notaire. Et à cette même date, le vendeur perd cette qualité. C'est pourquoi, dans ses rapports avec le syndicat, le vendeur est tenu au paiement des charges jusqu'à cette notification car il est toujours considéré comme copropriétaire à l'égard du syndicat.

Les parties peuvent prévoir une répartition différente dans le contrat de vente mais celle-ci n'est pas opposable au syndicat. L'acquéreur et le vendeur opéreront les remboursements entre eux par la suite en fonction des clauses du contrat.

4 La loi Carrez

Cette loi du 18 décembre 1996, intégrée dans l'article 46 de la loi du 10 juillet 1965, oblige le vendeur d'un lot en copropriété, dès lors que le lot est au moins égal à 8 m^2, à mentionner dans l'avant-contrat et l'acte de vente notarié la superficie de sa partie privative.

Seule est prise en compte « *la superficie des planchers et des locaux clos et couverts après déduction des surfaces occupées par les murs, cloisons, marches et cages d'escaliers, gaines, embrasures de portes et de fenêtres* ». N'entrent pas dans ce calcul les « lots de copropriété annexes » (caves, balcons, terrasses, garages, etc.), ni les pièces dont la hauteur est inférieure à 1,80 m.

La loi n'exige pas l'intervention d'un expert et le vendeur peut calculer cette surface lui-même.

Si l'avant-contrat et l'acte de vente notarié ne mentionnent pas cette surface, l'acquéreur peut demander l'annulation de la vente devant le TGI s'il agit au plus tard à l'expiration d'un délai d'un mois à compter de l'acte authentique de vente.

Si la superficie réelle est supérieure à celle mentionnée dans l'acte, le vendeur n'a pas le droit de réclamer un supplément de prix.

Mais si la superficie réelle est inférieure de plus de 1/20e c'est-à-dire 5 % à celle indiquée dans l'acte, l'acquéreur peut intenter devant le TGI une action en diminution du prix proportionnelle aux mètres carrés manquants. Il doit agir dans le délai d'un an à compter de l'acte authentique de vente.

La superficie loi Carrez ne s'applique pas aux ventes de maisons individuelles, ni aux ventes de logements en l'état futur d'achèvement. Elle ne s'applique pas non plus aux congés pour vente délivrés par le propriétaire bailleur à son locataire en application de l'article 15 de la loi du 6 juillet 1989.

5 Le dossier de diagnostic technique

En cas de vente de tout ou partie d'un immeuble bâti, un dossier de diagnostic technique, fourni par le vendeur, est annexé à l'avant-contrat ou, à défaut d'avant-contrat, à l'acte authentique de vente (voir Chapitre 5, « Le contenu de l'avant-contrat »).

Lorsque la vente ne concerne pas un lot en copropriété (maison individuelle, par ex.), le vendeur n'a pas l'obligation de mentionner la surface de la loi Carrez avec ses conséquences en cas d'omission.

6 Le diagnostic technique préalable à la mise en copropriété

En vertu de l'article L. 111-6-2 du Code de la construction et de l'habitation, la mise en copropriété d'un immeuble ***construit depuis plus de 15 ans*** doit être précédée d'un diagnostic technique de l'état apparent de la solidité du clos et du couvert et de celui des conduits, canalisations et équipements de sécurité.

Le diagnostic (établi par un expert) est fourni par le notaire à tout acquéreur lors de la première vente des lots issus de la division et lors de toute nouvelle vente réalisée dans un délai de trois ans à compter de la date du diagnostic.

L'association syndicale libre (ASL)

Chapitre 17

La propriété du sol peut résulter d'une mise en copropriété qui peut être verticale (copropriété d'un immeuble) ou horizontale (maisons). Toutefois, il existe un autre mode de regroupement essentiellement de maisons individuelles qui peut se faire sur le principe du lotissement. Les ouvrages et éléments d'équipement communs du lotissement sont alors gérés par une association syndicale libre composée des colotis eux-mêmes.

1 L'objet de l'ASL

Pour gérer un lotissement (ou un ensemble immobilier), les propriétaires c'est-à-dire les colotis sont constitués en Association syndicale libre. Si les parties communes du lotissement c'est-à-dire la voirie et tous les biens et ouvrages communs sont privés, leur gestion appartient à l'ASL.

L'association syndicale libre :

- entretient les ouvrages communs : piscine, tennis, terrain de jeux d'enfants ;
- entretient les voies de circulation du lotissement ;
- assure la gestion du gardiennage ;
- convoque les membres en assemblée générale et exécute les décisions votées
- veille au respect du cahier des charges ;
- perçoit les charges et gère les dépenses ;
- peut réaliser des transactions, ester en justice ou être assignée au nom des propriétaires membres de l'association.

La propriété des voies et terrains communs peut être transférée à la commune et l'association syndicale libre devient une association syndicale autorisée. Les règles qui s'appliquent alors sont celles du PLU.

2 Constitution de l'ASL

L'association existe au départ lors de la création du cahier des charges du lotissement par le lotisseur. Souvent les statuts sont rédigés par les lotisseurs avec une clause spécifiant que ***tout acquéreur d'une parcelle en lotissement fera obligatoirement partie de l'ASL et devra en respecter les clauses et le fonctionnement***.

La jurisprudence a admis cette pratique consistant à faire figurer dans l'acte de vente une clause obligeant l'acquéreur à adhérer à l'association et à respecter le cahier des charges.

Il est important de préciser qu'une ASL ne peut pas agir en justice, vendre, acquérir... si ses statuts n'ont pas été déposés à la préfecture du département où elle a prévu d'avoir son siège et n'ont pas été publiés au Journal Officiel.

3 Fonctionnement de l'ASL

L'ASL est gérée par :

- ***une assemblée*** dont les règles de convocation, de quorum et de majorités de vote sont définies dans les statuts ;
- ***un syndicat*** composé de membres élus parmi les propriétaires membres de l'association dont le rôle, précisé aussi dans les statuts, est d'assurer le fonctionnement et l'administration de l'association ;
- ***un président*** qui représente l'ASL et par conséquent les colotis propriétaires et exécute les décisions du syndicat.

4 L'ASL et la vente d'un lot

Le notaire, chargé de la vente d'un lot, doit informer l'ASL afin que celle-ci mette à jour sa liste de propriétaires.

Comme c'est le cas dans une copropriété, le président peut faire opposition auprès du notaire sur le prix de vente pour récupérer les charges ou cotisations impayées par le propriétaire vendeur.

Il peut aussi inscrire une hypothèque légale sur le lot du propriétaire débiteur.

PARTIE 5

Les sûretés

Chapitre 18	Les sûretés réelles	165
Chapitre 19	Les sûretés personnelles	169

Les sûretés réelles

Chapitre

18

Les sûretés réelles sont des techniques juridiques permettant de garantir un créancier du paiement de sa créance dans l'hypothèse où le débiteur serait défaillant. Pour cela, un bien faisant partie du patrimoine du débiteur est affecté au paiement de sa dette permettant au créancier d'être payé en priorité sur la vente du bien.

1 Les sûretés réelles mobilières

Une sûreté réelle permet à un créancier d'obtenir de son débiteur qu'il affecte un bien meuble ou immeuble au paiement de sa créance. Ce bien est vendu aux enchères si la dette n'est pas réglée et le créancier est payé en priorité sur le prix de la vente par rapport aux autres créanciers. S'agissant des sûretés réelles mobilières, ***la garantie porte sur un bien meuble***. On parle alors de gage ou de nantissement.

■ Le gage avec dépossession

Il est régi par l'ordonnance du 23 mars 2006. Le créancier obtient de son débiteur qu'il remette entre ses mains un bien mobilier dont il est propriétaire en garantie du paiement de sa créance. Ce bien peut être un meuble corporel (un tableau par ex.) ou incorporel (des parts sociales).

Si le débiteur ne remplit pas son obligation de payer sa dette, le créancier peut faire vendre aux enchères publiques le bien gagé et exercer son droit de préférence c'est-à-dire qu'il sera payé en priorité par rapport aux autres créanciers (art. 2333, C. civ.). Le gage prend la forme d'un contrat écrit contenant la désignation de la dette garantie, la quantité et la nature des biens gagés.

Afin d'être opposable aux tiers, ***il fait l'objet d'une inscription par le créancier sur le registre spécial*** tenu par le greffier du tribunal de commerce dans le ressort duquel le constituant du gage est immatriculé ou, s'il n'est pas soumis à l'obligation d'immatriculation, dans le ressort duquel est situé son siège ou son domicile (art. 2338, C. civ.).

Le débiteur se dessaisit du bien gagé et en transmet la possession au créancier qui a l'obligation de conserver la chose (c'est un simple dépôt) en vue de sa restitution. Le créancier est en effet responsable de la perte du bien ou de sa détérioration mais il lui est possible d'exercer un ***droit de rétention*** sur le bien gagé c'est-à-dire le conserver tant qu'il n'a pas été payé.

■ Le gage sans dépossession

Certains types de gages ne comportent pas l'obligation pour le débiteur de se dessaisir du bien gagé. Entrent dans cette catégorie notamment le gage sur les véhicules automobiles mais nous étudierons dans ce chapitre un gage particulier sans dépossession qui est : ***le nantissement du fonds de commerce***.

Il s'agit bien d'une sûreté mobilière car ***le fonds de commerce est un bien meuble***. Le nantissement confère au créancier ***un droit de suite et un droit de préférence***. Le droit de suite lui permet, si sa créance ne lui a pas été réglée, de saisir le fonds de commerce de son débiteur entre quelques mains qu'il se trouve notamment s'il a été revendu. Le droit de préférence est le droit pour le créancier d'être payé sur la vente du fonds de commerce en priorité sur les autres créanciers.

Dans ce type de garantie, le propriétaire du fonds de commerce ***conserve la possibilité de continuer à exploiter son activité commerciale***. Mais il n'a pas le droit de vendre le fonds de commerce du moins sans l'accord du créancier.

Peuvent être nantis la clientèle et l'achalandage, le matériel et l'outillage, le droit au bail, le mobilier commercial, les brevets d'invention, les licences, les marques, les dessins et modèles industriels ainsi que le nom commercial et l'enseigne. Les marchandises ne peuvent faire l'objet d'un nantissement.

Le contrat de nantissement, sous seing privé ou notarié, est inscrit sur un registre spécial tenu au greffe du Tribunal de commerce dont relève le fonds de commerce et cela dans les 15 jours. Il est ainsi opposable aux tiers qui peuvent consulter ce registre.

2 Les sûretés réelles immobilières

Les biens consentis en garantie du paiement de la créance sont des biens immobiliers.

L'hypothèque

L'hypothèque est un droit accordé à un créancier sur un immeuble, propriété de son débiteur, en garantie du paiement de sa créance, sans que le débiteur ne soit dépossédé de son immeuble. C'est un ***droit réel accessoire*** car toujours attaché à un droit de créance.

L'hypothèque est une garantie utilisée souvent par les banquiers. C'est un contrat par lequel l'emprunteur donne le droit à la banque de faire vendre son immeuble aux enchères s'il ne rembourse pas son prêt et le banquier est payé en priorité sur le prix de la vente du bien.

L'hypothèque sert à garantir une créance (prêt) dans le cadre de l'achat d'un bien qui n'est pas encore bâti avec paiement en plusieurs fois par appels de fonds successifs (construction d'une maison, vente en l'état futur d'achèvement) ou dans le cadre de travaux. Il existe plusieurs catégories d'hypothèques :

L'hypothèque conventionnelle	Elle fait l'objet d'un ***acte authentique*** rédigé par un notaire indiquant la créance garantie et l'immeuble hypothéqué. Elle ***prend effet au jour de son inscription*** afin de déterminer l'ordre des créanciers inscrits (premiers inscrits = premiers payés). ***Publiée au bureau des hypothèques*** du lieu où se trouve l'immeuble, la durée de l'inscription est celle du prêt plus un an sans pouvoir excéder 50 ans. L'inscription de l'hypothèque conventionnelle devient caduque un an après le terme du prêt. Avant cette date, si le bien est revendu, l'hypothèque prend fin par mainlevée et radiation.
L'hypothèque rechargeable	Cette hypothèque permet à un débiteur de garantir des ***crédits qui se succèdent*** sans avoir à inscrire une hypothèque à chaque nouveau crédit et cela dans la limite du montant maximal prévu dans l'hypothèque initiale. L'acte initial constitutif de l'hypothèque prévoit qu'elle pourra être réaffectée à la garantie de créances autres que celles mentionnées à l'origine. Une convention de rechargement notariée est établie et publiée à la conservation des hypothèques.
Le prêt viager hypothécaire	Le but de cette hypothèque est de faciliter l'accès des personnes âgées à un crédit. Il s'agit d'un contrat par lequel un établissement de crédit consent un prêt garanti par une hypothèque sur un bien immobilier à usage exclusif d'habitation de l'emprunteur. Toutefois ***le prêt est remboursé au décès de l'emprunteur*** (sauf en cas de vente du bien immobilier). Au décès du ou des emprunteurs, les héritiers ont le choix entre régler eux-mêmes la dette pour conserver le bien ou laisser la banque le revendre pour rembourser le prêt.

Le créancier hypothécaire dispose d'***un droit de suite*** qui lui permet de saisir le bien immobilier en quelques mains qu'il se trouve.

Le privilège de prêteur de deniers

Le privilège du prêteur de deniers pour l'acquisition d'un immeuble est un privilège spécial immobilier institué par l'article 2103 du Code civil. Il ne peut garantir que la partie du prix payée le jour de l'acte de vente c'est-à-dire la partie du prix payé comptant. C'est la raison pour laquelle le privilège de prêteur de deniers ***garantit l'achat d'un bien existant***. En effet, si l'achat n'est pas réglé le jour de l'acte notarié, comme une construction ou une VEFA (car le paiement a lieu par tranche de travaux et non pas comptant le jour de l'acte de vente) alors il faut inscrire une hypothèque.

Le privilège de prêteur de deniers tout comme l'hypothèque permet au créancier de faire vendre l'immeuble aux enchères et d'être payé en priorité par rapport aux autres créanciers. Il faut un contrat de prêt destiné à l'acquisition d'un immeuble existant.

Le privilège de prêteur de deniers fait l'objet d'un acte authentique c'est-à-dire notarié et est inscrit à la conservation des hypothèques dans les deux mois de la vente. Mais la date de l'inscription rétroagit à la date de la vente. Prenant ainsi rang à la date de la vente, il est prioritaire sur les autres garanties prises après cette date sur le bien immobilier.

Le privilège de prêteur de deniers a un coût inférieur à celui de l'hypothèque car il n'est pas assujetti à la taxe de publicité foncière. L'inscription du privilège de prêteur de deniers devient caduque un an après le terme du prêt. Si le bien est revendu avant cette date, il prend fin par mainlevée et radiation.

Le gage immobilier avec dépossession (antichrèse)

C'est un gage qui permet « d'affecter un immeuble en garantie d'une obligation et il emporte dépossession juridique de celui qui le constitue » mais non une dépossession matérielle (art. 2387, C. civ.).

Cette sûreté s'appelait « antichrèse » jusqu'à la loi du 12 mai 2009 qui en a changé le nom. Elle est devenue le gage immobilier avec dépossession qui permet au propriétaire d'un bien immobilier d'***en céder la jouissance à son créancier*** pour lui permettre d'en percevoir les revenus c'est-à-dire les loyers jusqu'à ce que ces loyers accumulés payent la dette. La valeur des loyers encaissés vient d'abord compenser les intérêts et elle est ensuite imputée sur le capital restant dû.

Les sûretés personnelles

Chapitre 19

Tout comme les sûretés réelles, les sûretés personnelles ont pour objectif de garantir un créancier du paiement de sa créance à l'encontre d'un débiteur susceptible de ne pas régler sa dette. Mais dans cette hypothèse, c'est une personne (physique ou morale) qui se porte garant du paiement de la créance et s'engage à payer le créancier au lieu et place du débiteur défaillant. Il s'agit d'une caution.

1 La caution d'une personne physique

Le cautionnement est régi par les articles 2287-1 et suivants du Code civil. Il s'agit d'un contrat par lequel la personne qui se porte caution s'engage à régler la dette de la personne cautionnée (le débiteur) si celle-ci venait à ne pas respecter son obligation de paiement.

Ainsi un bailleur peut exiger de son locataire une caution afin de garantir le paiement des loyers s'il venait à ne plus les régler. Il en est de même pour une banque qui peut demander que le prêt accordé soit cautionné par une personne qui s'engage à régler les échéances du prêt si l'emprunteur ne satisfaisait pas à son obligation.

■ *Les clauses du contrat*

Le contrat de cautionnement est écrit et prend la forme d'un acte sous-seing privé ou d'un acte authentique notarié.

Toutefois, certaines clauses manuscrites et par conséquent écrites de la main de la caution, doivent figurer dans l'acte sous peine de nullité. Outre leur rôle de preuve, le but de ces mentions manuscrites est de faire comprendre à la caution l'importance et l'étendue de son engagement.

Sont spécifiés dans le contrat :

- la nature de la dette : loyers et charges etc. ou échéances prêt et intérêts, etc.
- la durée de l'engagement ;
- la somme pour laquelle la caution est engagée (en chiffres et en lettres) qui peut être une partie ou la totalité de la dette ;
- la mention exprimant clairement que la caution a connaissance de la nature et de l'étendue de son engagement ;
- dans le cadre du cautionnement d'un locataire, la reproduction manuscrite de l'art. 22-1 de la loi du 6 juillet 1989 : « *Lorsque le cautionnement d'obligations résultant d'un contrat de location conclu en application du présent titre ne comporte aucune indication de durée ou lorsque la durée du cautionnement est stipulée indéterminée, la caution peut le résilier unilatéralement. La résiliation prend effet au terme du contrat de location, qu'il s'agisse du contrat initial ou d'un contrat reconduit ou renouvelé, au cours duquel le bailleur reçoit notification de la résiliation* » ;
- dans le cadre du cautionnement d'un emprunt, la mention manuscrite doit reproduire la formule prévue par l'article L. 313-7 du Code de la consommation : « *En me portant caution de ... dans la limite de la somme de... couvrant le paiement du principal, des intérêts et le cas échéant, des pénalités ou intérêts de retard et pour la durée de..., je m'engage à rembourser au prêteur les sommes dues sur mes revenus et mes biens si... n'y satisfait pas lui-même.* »

■ *La nature de la caution*

L'engagement de caution peut revêtir deux formes :

- ***la caution simple*** : le créancier poursuit le débiteur défaillant en premier lieu et ensuite la caution si les biens du débiteur sont insuffisants pour désintéresser le créancier. La caution peut en effet invoquer le bénéfice de discussion qui interdit au créancier de la poursuivre avant d'avoir poursuivi le débiteur.
  À noter toutefois que la plupart des actes de caution simple contiennent une clause par laquelle la caution s'engage à renoncer au bénéfice de discussion auquel cas elle peut être poursuivie sans qu'il soit nécessaire d'actionner préalablement le débiteur principal. S'il existe plusieurs cautions, l'une d'elles peut invoquer le bénéfice de division. Cela signifie qu'elle peut demander au créancier de diviser les poursuites entre les différentes cautions au prorata de leur part dans la dette ;
- ***la caution solidaire*** : dans cette hypothèse, la caution renonce au bénéfice de discussion et au bénéfice de division. Elle peut être poursuivie par le créancier à titre principal. S'il y a plusieurs cautions, chaque caution peut être poursuivie pour l'ensemble de la dette ou seulement la plus

solvable, au choix du créancier. Le principe de solidarité permet de poursuivre la caution directement sans avoir l'obligation préalablement de poursuivre le débiteur principal pour le paiement de la dette.

■ *La durée de l'engagement de caution*

La caution peut être engagée pour une durée déterminée ou indéterminée et, dans le cadre d'une location, les conséquences sont les suivantes :

- ***cautionnement à durée déterminée*** : La caution est engagée pour la durée définie dans le contrat et ne peut pas se désengager avant cette date ;
- ***cautionnement à durée indéterminée*** : dans cette hypothèse, la caution peut se désengager à tout moment en adressant une lettre recommandée avec AR au propriétaire bailleur. Mais le cautionnement ne prendra fin qu'à l'issue du bail (initial ou renouvelé) au cours duquel le bailleur aura reçu la notification de désengagement.

2 La caution d'une personne morale

Le cautionnement peut également être le fait d'une société spécialisée comme une société de cautionnement qui règle les échéances du prêt en cas de défaillance de l'emprunteur.

L'avantage de ce type d'intervention est d'éviter l'hypothèque classique et ses frais d'inscription.

En contrepartie, l'emprunteur verse à la société, dès le déblocage des fonds, une contribution proportionnelle au montant de son prêt (entre 0,5 % et 2 %) dont une partie peut être reversée à l'emprunteur à la fin du prêt si celui-ci a été remboursé sans problème.

À l'inverse, si l'emprunteur ne respecte pas ses obligations et que la société est amenée à régler les échéances du prêt, elle peut se retourner contre l'emprunteur et procéder par voie de saisies.

3 La caution hypothécaire

La caution hypothécaire désigne un tiers qui accepte une hypothèque sur l'un de ses biens en garantie d'un prêt consenti à l'emprunteur cautionné. Si ce dernier ne rembourse pas ses échéances, la caution hypothécaire verra son bien immobilier saisi et vendu aux fins de rembourser la banque.

Sites internet

– Le service public de la diffusion du droit – Légifrance
www.legifrance.gouv.fr

– Ministère de l'Écologie, du Développement durable, des Transports et du Logement
www.developpement-durable.gouv.fr

– Ministère de la Justice et des Libertés
www.justice.gouv.fr

– Jurisprudences droit immobilier
www.jurisprudentes.net

– Droit et information juridique au service des actifs – NET-IRIS
www.net-iris.fr

– Le portail de la consommation
www.conso.net

– Agence Nationale pour l'Information sur le Logement – ANIL
www.anil.org

– L'office Notarial de Baillargues – ONB
www.onb-france.com

Achevé d'imprimer par
l'Imprimerie France Quercy, 46090 Mercuès
N° d'impression : 20561B - Dépôt légal : avril 2012

Imprimé en France